孩子取個好名字

二〇二四年 龍抬頭風雲起版

姓名學專家
黃逢逸◎著

幫孩子取名是個超級任務

黃文華（東森新聞主播）&林昆鋒（年代新聞主播）

對我們夫妻而言，二〇一六年真的又驚又喜。「驚」的是兩個兒子都已經上小學，事隔九年，居然有了第三胎。「喜」的則是全家開心迎接這個意外的小女娃。

二〇一四年（馬年），我們在一位好友的尾牙餐敘中，有幸與黃老師結緣。當時，黃老師熱心地替大家預測分析隔年（羊年）運勢。聊著聊著，黃老師提醒我們夫妻倆「羊年很容易懷孕，若不想生，要多注意。若想生個女兒，年中之後懷孕機率最高」。最後，還開玩笑地說「要是被我說中，孩子命名記得找我喔」。

說真的，當下的話題都圍繞著工作，及正在準備研究所考試的先生的考運上。對於生孩子，並不在未來的計畫中，因此也沒特別把老師的提醒放在心上。直到二〇一五年（羊年）夏天，先生高中臺大研究所榜首，全家欣喜之餘，我的肚子裡也多一個新生命——懷了第三胎，真可謂雙喜臨門。

想起黃老師的預測，我第一時間去電告知這個消息。黃老師鐵口直斷「這胎是個女孩」。半信半疑的我們，便開玩笑地打賭「是男孩的話，就要把老師家的檜木和水晶收藏品全搬走，當孩子以後的娶某本」。黃老師還笑稱「儘管來沒關係」。

對我們來說，孩子有緣來會，是男女都好。後來透過產檢得知，真如黃老師所言，來報到的確實是個小女娃。我們自然把取名這個超級任務，交給黃老師。

讓我印象最深刻的是，出身資訊工程師的黃老師，對於命理與資料庫的統計印證，讓他的命名結合科學的大數據佐證，加上八字命理與陽宅風水詳盡分析，聽起來不玄怪不神祕，增加不少使人信服的參考價值。

其實，我們都曉得，人生的運勢沒有絕對，也常常聽老師分享「知命運命還要態度積極，方能善向循環，代代為善，自然輩輩出好子孫」，一系列的勸世好言，我們都謹記於心。在此，預祝黃老師著作大賣，並要繼續苦口婆心、憂國憂民，為黎民百姓指點迷津。

孩子的性格及未來，與名字息息相關

洪秀瑛（資深媒體人、其友人子女改名由黃逢逸老師協助）

多年前，我透過朋友介紹而認識了黃逢逸老師。還記得，第一次見面我就對黃老師滔滔不絕的口才印象深刻，也覺得他這個人相處起來很舒服。當時，黃老師熱情地在電腦裡，輸入我的姓名，接著，替我分析我的性格、家庭與事業等。聽了之後，我把他的話放在心上，但還沒有一股動力及意念，促使我必須改名、改運。

直到某次，我身邊兩個高中死黨，碰巧面臨工作、家庭與愛情的難題，遍尋「命理老師」解惑，讓我突然想到黃逢逸老師，也把黃老師介紹給他們認識。

其中一位同學，請黃老師替她的兒子改名。我和那位同學再見面時，她主動向我提起，兒子原本在生活上的一些小問題，包括健康與個性，在改完名之後不到一個月，竟獲得大幅改善。我聽了由衷地替她開心。過沒多久，我另一位同學告訴我，她也決定讓黃老師改名。就這樣，我看到我的同學在工作上，開始有了不同於以往的改變，而她現在也變得更積極努力地追求未來的生活。這讓我了解到「人，除了改名，改觀念、改心也是一樣重要」。

「姓名」是一個符號，代表一個人的個性、行為、思想，或多或少也牽動著一個人的命運。每個孩子都是父母的心肝寶貝，很多父母絞盡腦汁想幫孩子取一個既好聽響亮，又兼具好命格的名字，無庸置疑，取名字的確是一門學問。親愛的讀著們，豈能不在取（改）名上多下一點功夫呢？

黃老師從事命理研究十多餘年，他擅長以「統計學」研究「姓名學」。他的論點精闢，我也曾多次看見他神機妙算的一面。他出版這本書，就是希望讓現代的父母，提早了解自己的孩子，發現孩子性（命）格中的優缺點，並適度給予孩子指正及鼓勵。對每個家庭、每位父母來說，都是一本必備的實用工具書。

好的名字，好的開始

曾豪駒（Lamigo打擊教練、其改名及孩子命名皆由黃逢逸老師協助）

民國九十四年，一次隊友間的聚會，因緣際會認識黃逢逸老師，那時候因為身體傷痛問題，不能再繼續打球的可能性很大。沒想到，透過黃老師指點改名之後，一切彷彿變得順利許多，不但受傷的機會少了。身體健康了，病痛逐漸減少，打球打得更穩定，沒有什麼大問題發生。最重要的改變，應該是我比較會三思而後行，做起事情不會太衝動，和太太的溝通自然更順利。

我的大女兒也在這個時間點出生了。當然，也是黃老師替大女兒命名的。我的大女兒從小至今，不只一切平安，沒什麼病痛，在讀書上，也有不錯的成績，學起東西，也比同年齡的小孩快很多。

我覺得黃逢逸老師說的有理，人一輩子求的是穩定而不是大好，因為人生當中有好的一面，也會有不好的一面，大人為小孩求的更是平安健康，而非大富大貴。孩子擁有自己的想法和前途，大人的理想不要強加在小孩身上，大人要做的，是指引小孩，而不是指揮小孩。

民國一〇〇年，我和太太又有了愛的結晶，是個男孩子，有了大女兒命名的經驗，二兒子當然也是麻煩黃逢逸老師命名了。身為父親的我，別無所求，只期待兒子的一生平平安安、健健康康。

雖然說，人的一生是否美好，都要靠自己去經營，不然再好名字也是枉然，這些看法我一直都非常認同，謹記心中。的確，不能太過依賴名字帶來的力量，但是也不能忽視，畢竟，**好的名字，是可以幫助自己或孩子加分的。**

讓孩子贏在起跑點

狄志為（資深媒體人、其孩子的命名是由黃逢逸老師協助）

幾年前，老婆剛懷老大時，我們夫妻倆就開始構思「取什麼名字」才好。一開始，我們叫肚子裡的他「Q寶」，當然這只是小名。宿命論的我深信，姓名影響個性，個性影響一輩子，於是我跟老婆意見一致，想找個好老師替孩子命名。

上節目多年，我認識不少命理老師，專長在居家風水、開運解厄，或姓名學的都有，到底要找誰幫忙，一時之間也很難決定。偶然間，我想起了七年前認識的黃逢逸老師。他跟其他老師不太一樣，非常低調，也不在乎成不成名。

當我詢問他，能不能幫我兒子命名，他二話不說就答應了。還強調取名不能隨便，必須搭配父母的八字、姓名，及孩子的生辰來算，非常的嚴謹。不但專程空出時間跟我約碰面，甚至連取名的費用，他都說隨意。這讓我深刻感覺到黃老師是朋友，並而不是利益為重的老師。後來，他依我所提供的條件，給了我將近五十組的名字，並且提醒我們哪一些組合是好的，清楚告知我們哪個名字對孩子好。

我家老大叫「狄尚毅」。黃老師說，這個名字很大器，「尚毅」還偕音「上億」，以後在事業上肯定有不錯成就。雖然，我目前看不出來尚毅未來如何，但尚毅從小聰明，跟同齡小孩比起來，不但記憶好，反應也很快，學校老師都說他是「小大人」。我猜，除了是我遺傳給了他不錯的「基因」，或多或少也與取了好名字有關。

若有朋友問我，推薦哪位老師取名、改名，我總是不假思索就推薦黃逢逸老師，的確，黃老師的服務，也受到我身邊親友的稱許。而我的第二個孩子，黃老師也是我們取名老師的不二人選。

最後，非常恭喜黃逢逸老師的書，能獲得這麼多讀者的迴響。書中黃老師不吝於與各位讀者分享取好名的重要，除了幫助大家取個好名字，也能藉由名字，了解性格優缺，進而補足與改善。

送給孩子的第一份愛

王芊羿（其改名及孩子命名皆由黃逢逸老師協助）

過去，我曾經很好奇自己的姓名學格局是什麼。在認識黃逢逸老師之後，透過老師的解析，我明白我的舊名字存在問題。當下的我其實半信半疑，於是用了一年的時間，來驗證黃老師的話。一年後，我決定請老師幫我改名。

改名後的轉變，是我身邊的人感受最深刻。老公說，我的工作運變順了，雖然不到賺大錢，但至少遇到的都是好老闆。而我的想法變的較正面積極，即便遇到挫折也有力量承受、克服。幾年後，我懷孕了。臨盆前，我和老公很有默契的，打電話跟黃老師預告，並預約產後第一時間，請老師為我的女兒命名。

自己走過的人生自己最清楚。雖然，我無法預知女兒未來人生將會如何，但我期待藉由好的姓名學格局，給她一份好運、一個正向積極的信念，讓她出外有貴人相助、工作有好上司提拔、生活有好朋友扶持，盡可能遠離小人、遠離不順，更希望她事事積極正向，好讓努力事半功倍。

我貪心嗎？為了子女好，父母都會特別貪心。我們都知道自己無法一輩子陪在孩子身邊，她也有自己的人生，但我目前可以主導的事，就是取名字的權利。這是父母可以給孩子的第一份愛，藉由名字幫助她平安、健康、順利，在這樣的前提之下，加上自己的努力，開創人生的康莊大道。「幫孩子取個好名字」就好像替孩子在未來的道路上，好運加持。

幫孩子取個好名字，替他打穩人生地基

一本書能一年至少一刷，連續十年，對一般書籍或許不算什麼，但對命理書，甚至更小眾的姓名學著作，算是難能可貴了。加上我並不是一般人耳熟能詳，或媒體熱門的命理師，這可更讓人驚訝了。二〇一五年不僅是本書邁入十年的里程碑，也是我大女兒滿二十歲、小女兒進高一，都開啟新階段的一年。

想當初，結婚第一個月就入門喜，在毫無準備、戰戰兢兢心情下，內人從懷孕到生產，無不時刻期望孩子「平安健康」。女兒呱呱落地後，我們只盼女兒「平安健康」，相信很多父母的心情和心態，也是如此，孩子幸福成長就滿足了。一晃眼，兩個女兒都已到成人或快成人的階段了，真的是「小孩催人老」啊！

過去十幾年，由於中午要幫孩子準備午餐、送到學校，無法配合節目錄影時間，推掉不少媒體邀約。想一想，雖然錯過曝光機會，但也慶幸因此擁有良好的親子關係。見到顧客來詢問孩子問題時，就能發現問題源頭，多出於親子相處時間不足，或父母自以為是的愛護所造成。一旦相處時間不足，父母如何知道小孩的想法，遇見孩子行為偏差卻不當求助，更加速父母與小孩間的裂痕。

時代不同，教育方式也變了，拿三、四十年前的方法教孩子，當然會出問題。命理亦是，在不同年代環境，命理解釋也是南轅北轍的。若命理師沒有時刻求進步，對客戶產生不當判斷，後果很嚴重。所以，**我特地重新檢視、修訂，內容更淺顯易讀，也把容易造成誤解的部分釐清，以免讀者因此產生錯誤觀念。**

這十多年替上千客戶命（改）名，更加確定**名字影響個性，個性則會影響到婚姻、健康、事業和學習**。蓋房子時，地基很重要，地基打穩，樓層再高都安全。「幫孩子取個好名字」就像幫孩子打好人生地基，這是父母的重要課題。

有著沉著穩重的個性、良好人際關係、一路順暢的機運，就能在人生道路上，比別人多點幸福。不求留金山銀山給子女，求一世好運與時時貴人相助，就取個一生都有好運勢的名字吧！（之後我將著述教父母由名字了解孩子，敬請期待）

contents

第四篇　總結與附錄

孩子命名

基礎篇

取名字就像打地基，基礎打穩是第一步驟。
後天取的好名字影響個性，比先天八字還重要！
姓名學也是一門「統計學」，客觀統計加分析，
以大數法則進行命名，替孩子找到好命格用字。
學會「筆畫」和「五格」計算、搭配陰陽五行、
了解官位的影響，成功開始幫孩子取個好名字！

後天取個「好名字」，比先天八字還重要

「老師！有人說八字比較重要，可是您又說名字比較重要！到底是八字重要？還是名字重要啊？」我說，其實兩者都重要。

經過將近二、三十年來的驗證，我把「先天八字」當作是老天爺讓人的一生發展，有了個方向，但這個方向，是可能因為一個人的生長過程，逐漸產生變化。「入土三分命注定」指的就是每個人生下來時的生辰八字，決定了每個人一生中發展的軌跡。但就真的通通是「命中注定」嗎？

在我從事命理研究的幾十年來發現，並非如此，常常有「同命不同運」的情況出現。什麼是「同命不同運」？簡單來說，就是同年同月同日同時刻出生的人，排出來的八字當然一模一樣，人生中發生的事件也許很雷同，但是，後天的「運」不同，後續發展也會不一樣，最終結果當然有差別（曾有人問：那外國人的名字不是中文可以算嗎？當然，一樣可以算個性及流年）。

所謂的「運」，包括生長的環境、父母的教育觀念，及人本身的個性。**尤其是人的本身個性，更是影響「好運」或「壞運」的最大主因。**拋開生長的環境、父母的教育觀念不說，單純就命理角度而言——**「名字決定個性」**，當名字決定個性之後，進一步會決定對事件的看法走向，不同個性因為對同一事件的看法不同，解決的方式就會不同，例如，一個三思而後行的人和一個衝動躁進的人，在處理同一件事的角度上肯定不同，這將導致最後的結果。所以，我會說名字比較重要的原因，就是因為名字會決定一個人的個性。

先天八字命好的人，只能說在人生起點比較高比較好，或許掌握比較多的資源，有著良好的學習及成長環境。命理上，我常發現一個現象——「優點就是缺點」。凡事有得必有失。先天命好的人，在好的人生起點，行事上通常較為大膽自信，一旦失敗也會比較嚴重，若又加上個性（姓名）不好，那麼祖上基業毀在手上，並不是新鮮事，所謂的「皇帝命，乞丐運」就是如此。這種例子在歷史常見，在現代也層出不窮，近年來，「富二代」的負面形象也是這樣造成的。

反觀個性（姓名）好的人，在先天八字上雖沒有贏，卻能因為好個性（姓名）造就非凡成就，這種「乞丐命，皇帝運」，幾乎都能白手起家。

有所謂「同命不同運」，當然也有「同運不同命」。「同運不同命」有兩種模式，一種是同名同姓，例如，一樣名叫黃逢逸，但是八字不同（一年之中，大約有四千三百多張八字），雖然個性（名字）雷同，也處於不同起點、不同發展方向、不同行業，卻可能因為同個性，成就也會差不多。

另一種模式是雖非同名同姓，用我的「姓名學公式」去算，格局竟然相去不遠，例如，「王永慶」和「郭台銘」在我的姓名學公式中，格式竟然雷同（幾乎一模一樣）。一旦格局一樣，行事風格與成就也差異不大。又如「陳冠希」和「王建民」格局相似度高達四分之三，兩人爆發的事件，也挺雷同的。

因此我強調——「個性決定運勢，姓名決定個性」。惟有了解孩子的名字，才能了解孩子的個性，進一步輔助孩子的發展。

自然產的八字準確率才是百分百

根據我的驗證，自然產的八字準確率才是百分百，如果是剖腹生產的就要看狀況。若因為胎位不正，在生產過程中，基於母子安全，醫生指示一定要動刀剖腹，這種狀況的剖腹產，其八字準確率幾乎等於百分百，沒有什麼太大誤差。若為父母私心，想讓子女出生在好的時辰而要求剖腹，基本上八字、紫微斗數等準確性都會降低，尤其是在農曆年尾或年初出生的小孩。不只是我個人統計，一些對八字、紫微斗數有研究的老師朋友們，也有這樣的心得。

試想如果這個小孩應該要屬「狗」，卻因人為因素而屬「雞」，雖然人間命理師認為「入土三分命」，以屬雞的條件來命名，誰又知道上天會不會讓這個小孩依照原本該有的屬狗八字方向走呢？若因此在生肖上有所誤差，孩子的一生運勢可能從彩色變黑白。所以，除非逼不得已醫生指示一定要剖腹生產，否則自然產是最好的。

當然，若自然產過程有突發事故而剖腹，也算是自然生產。但也不要堅持自然產在好時辰，而延誤生產時機，造成小孩的疾病或傷痛，曾有如此案例，就是母親堅持等待好的自然產時辰，造成小孩腦性痲痺。的確，好八字是不愁吃穿沒有錯，不過，這種的不愁吃穿並不好。醫生畢竟專業，就讓專業來判斷。記住，平安健康的小孩，不管什麼八字都很好。

姓名學也可以是門「統計學」

統計學的概念很簡單，就是「大數法則」。大數法則是「相對多數」，既然是相對多數，就沒有絕對，例如，十字路口讀秒的紅綠燈（汽機車用），現在大多顯示紅燈剩餘秒數，讓駕駛知道還要多久變綠燈。不過，過去還有另一種是顯示綠燈剩餘秒數，跟紅燈剩餘秒數並行的。只是經過了一兩年的統計，發現顯示綠燈剩餘秒數的路口，駕駛人不但不會在剩下一兩秒時減速慢行，反而加速穿越，因此造成車禍意外。於是現在多統一改成顯示紅燈剩餘秒數。

那麼，一路闖紅燈就「一定」會發生車禍意外嗎？答案是未必。「紅燈停、綠燈行」就「一定」不會發生車禍嗎？答案也是未必。但若說：一路闖紅燈「容易」發生車禍，大家通常會同意這個論點。為什麼？因為「紅燈停」就是規則，闖紅燈就是違反規則，當然「容易」發生車禍（注意！並非「一定」）。

言歸正傳，回到主題。姓名學也可以是統計學，當然也是大數法則。**任何計算姓**

名的方法或派別，一樣沒有絕對，其準確性要看「相對多數」。一旦準確性有九成以上就是準，低於六成的話，就不值得採用。

拜近二十年電腦及網路的發達所賜，統計的樣本數量，已非以往命理師窮極一生的經驗能相比，經由程式的建立比對，數百萬筆的資料統計，能在不到一分鐘內就有結果，當然，準確度得到達九成以上才行。一九九〇年代，當時正處於二八六電腦時代，我就是軟硬體工程師，亦幫助數十位命理師建立程式輔助並統計，也曾和醫生合作等，今日才會有如此大量的樣本可做統計。所以，**有別於一般命理師，我的姓名學是統計學，命理解釋風格更著重在個性及健康。**

從古至今，不論是那一種學問的形成，擺脫不了大自然的變化，再由有興趣之人長期觀察，收集資料，加以統計、歸納、分析、比較，驗證、修正再驗證，才會有各種學問的確立，例如，牛頓在蘋果樹下，因為被掉下來的蘋果打到，進而觀察，而有牛頓定律，也就是自由落體定律。命理的學問也是如此，不論是易經、陰陽五行、八字紫微、風水、奇門遁甲，乃至西方的星座、塔羅等，無一不是如此形成。

當然，姓名學也是，這是中國數千年長期發展下來的學問，姓名學是統計學，各門各派數十年上百年的發展，對的錯的片面的都有，只是命理常有門派之爭，不同的學術常會互相攻擊，互相看不起他派論說。好比武俠小說中各派，常有不傳之祕，深怕自己的武功絕學，一旦曝光便會失去，更有為維護本派尊嚴，不肯承認自己門派的致命缺點，而錯失讓自己向上提升的機會。

拿「生肖姓名學」一派來說，有人不屑使用，有人卻奉為單一至上的學說，其實都是過與不及的現象。不屑使用的理由，認為生肖學說只是娛樂，根本沒有意義，比如世間並沒有「龍」這種動物，卻拿來使用，根本不合理。其實這是因為不去探討生肖所為何來，所產生的誤解。

在古代，人們觀察自然環境時，發現每十二年會有一次循環現象，每次循環十二年的本質雖不變，卻會有些許變化，而六十年則會完成一次大循環，所以才有十二年一小輪，六十年一大輪的資料出現，更有人推出三八四年為一大循環。每一小輪的第五年，各種數據變化都很大，很難捉摸，就好比傳說中的龍一樣，變化莫測，所以才會把「龍」放在第五年位置。

至於其他生肖動物在古代，是生活環境中較容易見到的動物，不僅好觀察，也比較能夠記住。當發現身旁環境中某種動物符合某一年度的環境，而那一年所生的人，也很符合這些動物的習性時，就會拿這些動物來做代表。當然，也有不少十二生肖外的動物也符合，只是古人與生肖動物接觸較頻繁，便會「自然」地放入各個位置。

把動物拿來當代表，是老祖宗的智慧，畢竟那時沒有紙筆，想要口耳相傳的首要目標就是「好記」，週遭生活就是最能被記住的，不是嗎？仔細想想，西方星座所選擇的代表，不也是和生活息息相關？

再進一步來看，會發現更有趣的事。

單數的生肖動物，除了鼠，每項動物的腳趾或爪，都是單數（傳說中的龍是五爪），雙數的動物都是偶蹄（蛇無腳，視為雙數），而老鼠前兩腳是四爪，而後兩腳是五爪，所以被選為作陰陽交替開始的象徵。

另外，單數的動物普遍具有陽剛的意味存在。例如，虎有霸氣、龍有王氣、馬有傲氣、猴子有生氣、狗有勇氣，因此單數的動物，便視為「陽」的代表。而雙數的動物，普遍來說，都有陰柔的象徵，只要不受打擾，是不太會主動攻擊的（可有看過主動咬人的兔子）。

不屑使用「生肖姓名學派」者，在命名上容易發生「因果病」，通常會莫名其妙的病痛出現，或身體的小毛病一堆，而且吃藥調養的效果有限。像我就是因為大女兒出生時，生肖姓名學還沒有統計完成，命名時沒有考慮到生肖問題，因而造成她的身體不好，直到三歲改名之後，身體才慢慢變好。

只用生肖特質來命名者，沒有注意到姓名格局六神的變化，命名時就常會有剋到父母的格局出現或個性上的偏差度很高，憂鬱症的機率亦大為提升，如此一來，雖然身體健康沒問題，運勢個性卻出現問題。這是因為沒有考慮姓名學中格局六神的因素，產生太過與不及的現象。就好像蓋房子，只考慮裝潢卻沒顧慮地基一樣。

如果能夠發揮雅量，將每一派的優點擷取使用，豈有不好？猶如數學中的集合原理，每一個派別是一個集合的話，何不取各個集合重疊次數多，也就是最多交集的部分，這樣不僅可以避開許多不好的隱憂，身體健康、運勢平坦也都能顧慮到。

我花費篇幅敘述自身的領悟與心得，是想提醒有心研究命理五術的各位，最基本、基礎的東西也最難懂，不能死記死背，要用「心」體會，不要拋棄最本質的東西、捨本逐末追尋旁枝末葉，大自然的一切都有道理存在，要追求學問的大道，不要走羊腸小徑，反而困在其中而不自覺。

六神五行為架構
生肖字體來相助

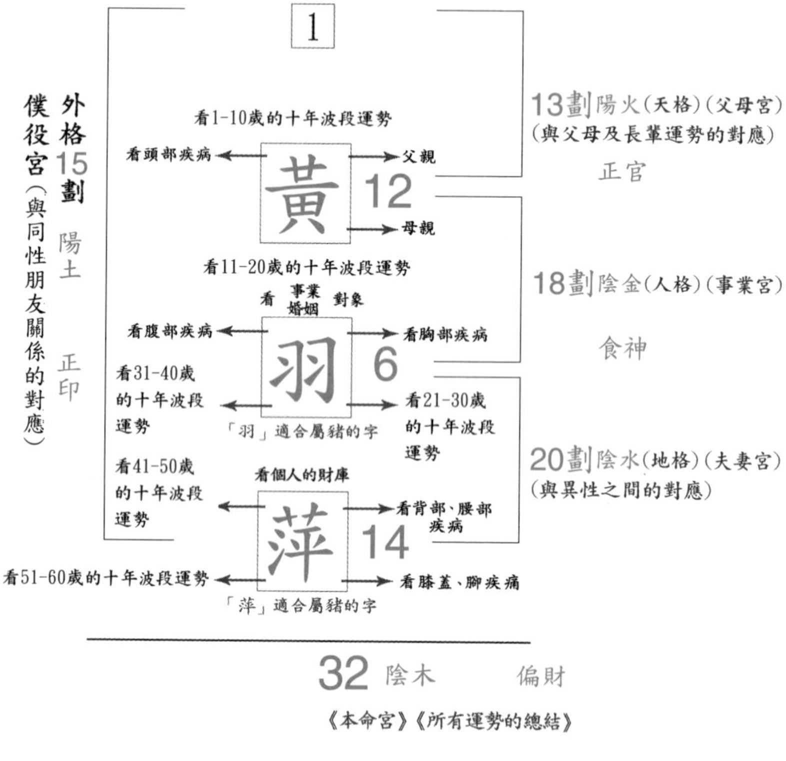
1
外格15劃
陽土
正印
僕役宮（與同性朋友關係的對應）
看1-10歲的十年波段運勢
看頭部疾病
父親
黃 12
母親
13劃 陽火（天格）（父母宮）
（與父母及長輩運勢的對應）
正官
看11-20歲的十年波段運勢
看 事業 婚姻 對象
看腹部疾病
看胸部疾病
羽 6
看31-40歲的十年波段運勢
看21-30歲的十年波段運勢
「羽」適合屬豬的字
18劃 陰金（人格）（事業宮）
食神
看41-50歲的十年波段運勢
看個人的財庫
看背部、腰部疾病
萍 14
看51-60歲的十年波段運勢
看膝蓋、腳疾痛
「萍」適合屬豬的字
20劃 陰水（地格）（夫妻宮）
（與異性之間的對應）
32 陰木 偏財
《本命宮》《所有運勢的總結》

姓名格局舉例

姓名筆劃的計算請以「康熙字典」為準

坊間對於字的筆劃算法有許多版本，有的以書寫的方式計算，有的以教育部核編的字典為準，有的則以清朝的康熙字典為主，例如，「陳」到底是11劃，還是16劃，常讓學習者弄的一個頭兩個大。

其實因為使用不同的公式，各派算法不同，筆劃當然就不同。這沒有所謂對或錯的問題，只要是依所學姓名學採用的筆劃計算方式都可以。不必和不同派別的學習者吵得面紅耳赤，更不需要去爭論哪一種才是最正確的。

我所採用的筆劃計算法是以「康熙字典」為主。康熙字典的筆劃算法是「部首筆劃」，加「字中部首以外的筆劃」合計。例如，「陳」的部首是「阜」，「阜」是8劃，「陳」可以在「阜」部範圍中的8劃找到，所以「阜（8劃）」加上「東（8劃）」，合計為16劃。又如，「洪」的部首是「水（4劃）」，部首外的「共」是6劃，合計為10劃。以部首為原則，就不會算錯。

像「華」是「艸」部（6劃），所以是14劃；但「嬅」是「女」部，是15劃，而非17劃；而「樺」是「木」部，是16劃，而非18劃。另外，「黃」的部首是「黃」不是「艸」。總之，讀者身邊最好有隨時可以查閱筆劃的字典，如此一來，才能減少計算的錯誤。**本書附贈的程式亦是方便讀者取得的程式，計算容易之餘，也能減少學習的困難度**（**若是對程式內資料計算的筆劃有疑慮，請務必按程式上的聯絡電話與我聯繫、確認，才不會造成後續命名的錯誤**）。

不過，命理中有些字的筆劃是特例，如「數字」不論書寫筆劃，皆以字面意義為筆劃，如國字的「一」是1劃、「四」是4劃、「六」是6劃、「馬英九」的「九」為9劃，這是命理的特殊算法，要特別注意，否則後面所提的格局算法一定會出錯。另外，在我的驗證當中，有些字是變化難測的，目前最明顯的就是「育」字，有時9劃準，有時10劃準，且常隨年度不同，這類的字建議少用比較好。

命名
達人提醒
筆劃吉凶的錯誤與迷思

坊間的姓名學派當中，有一派是筆劃數字派，理論基礎是數字有吉凶之分，有些數字是大吉利、有些數字是大凶惡，農民曆上面也常刊載數字派（熊崎氏）的筆劃吉凶數，使得一般不了解或未深入了解姓名學的人斷章取義，尤其家中有四、五十歲以上的人更為執著。這種只以筆劃論吉凶的方式相當可怕，也相當可議，這一派的論點，其實有許多的盲點：

第一，到底是字本身的筆劃為準，還是五格的筆劃為準？如果是字本身為準，那不就有許多字都不能使用，且字的筆劃也少有超過50劃的。如果以五格的筆劃為準，仍有天格一開始就不好，屬於大凶的筆劃，如「林」8劃，天格是9劃，按數字派理論是大凶，難道天下姓「林」的都不好（都要改姓）嗎？何況不只「林」，姓氏為9劃、11劃、13劃、18劃、19劃、21劃等，都有可能發生這種狀況。因此，事實不盡然如此。

第二，是同一種數字當中，姓名的格局組合可能高達一千多種，如單姓複名要組合成總格是32、34，及任何一種超過10劃筆劃的組合，都有超過一千組，難道所有的組合一定是大吉或大凶嗎？又如姓名總格是34劃的人，按數字筆劃派的說法是大凶，寫的是「災難不絕、難望成功、此數大凶、不如更名」，若以單姓複名來看，總格34劃的組合，共有一千種姓名格局的排法，這當中的確有不好的格局，但好的格局也不少，如李登輝、宋楚瑜、李遠哲、俞國華，姓名總格都是34劃，他們的成就、發展及身體健康度，都算不錯，那麼，數字筆劃派又該如何解釋這種現象呢？照這種論調，這些人豈不是都要改名。這種派別在無法自圓其說時，就會再搬出大破數、八字風水等來唬人。其實，多用幾種法則公式去看，大家就會發現上述姓名的格局是不錯的。因此，千萬不可只依一派以偏概全，否則就真的是「一派」胡言了。

每個筆劃都吉利，每個筆劃也都不吉利。數字本身的含義是一體兩面的，同一種現象有其正面的特質，相對的，就有負面的特質。「愚公移山」是頑固固執，還是堅毅不拔呢？其實，頑固固執也好，堅毅不拔也好，呈現的是不同的人，對於相同事情的不同看法。當愚公的名字格局夠好，在移山時天氣又好，沒有土石流，順順利利地開闢一條大道出來，就是堅毅不拔，而不看好愚公的人，也會心服口服；相對的，若是姓名格局不好，說不定移到一半，土石流下來，後果不堪設想，這時候就會被說是頑固固執。所以，所有筆劃都吉利，也都不吉利，只能說筆劃都具有特性，要讓筆劃數字特性發揮正面效果，就要看五格產生的姓名格局、適當相互的生剋，才能得到最佳的組合。

況且追根究柢數字的本質只有「0到9」十個數字罷了，不相信的人，請打開雙手，算算手指頭是否就只有十根而已。辯論和吵架有何不同？其實是同一個數字發揮力量，姓名格局好，產生的個性好，就是辯論、對事不對人，往好的方面發展，辯論出共識；姓名格局壞，產生的個性壞，就是產生吵架、對人不對事，往壞的方面發展，吵架有可能變成打架，甚至發生更嚴重的事件。

姓名的好壞要全盤了解後才能下定論，不可單憑數字筆劃定義姓名的吉凶，這樣只把人生的運勢，放在單純筆劃吉凶這一條細線上，實在太危險了。這樣的案例還不少，如鴻海集團的郭台銘也是34劃，他難道也需要改名嗎？

如果還迷失在筆劃數字當中，就請完全放棄、丟掉，重新拾起正確思維，否則無法在姓名學上，及其他事物上獲得進展。尤其本書所要探討的是，新生寶寶的命名，或孩子的改名，若只憑數字筆劃定出姓名吉凶，很可能反而命（改）出對孩子不好的名字，還會影響到父母本身的運勢，一定要特別注意才行。

姓名五格的算法也各有準則

姓名學中對於格局的算法，每派都有不同的見解和方式，有的單姓部分不加1，有的是數字要算到個位數為止（九宮派），各種算法都是為了格局的公式，沒有誰對誰錯的問題。我認為只要能算得準，不管什麼樣的方法準則，都可以學習，再加以驗證運用，並不必急著切割或排斥。

我對於格局的排法計算方式，是採用五格及陰陽五行所產生的後天八字法，五格就是「天格」、「人格」、「地格」、「外格」、「總格」，而陰陽五行指的是「各格的數字個位數所對應的陰陽五行，再由陰陽五行的相互生剋產生姓名的八字」。這裡將先介紹五格的算法及原理，其他的在後面篇幅詳述。

很多人對於五格的算法，都已駕輕就熟，但是大家知道其中的涵義嗎？為什麼前三格排法是天、人、地，而不是熟悉的天、地、人順序？我的研究心得是「因為人活在天地之間」，所以前三格為天格先，決定先天的因果；人格為中，定的是自我；地格為下，定的是後天，配偶或異性緣；外格定的是同性緣；總格定的是一生流年運勢。以下是各格的算法，已經熟悉的人可以參考我的心得，初學者或不熟悉算法的人可以仔細看一下，而本書所附程式也可助你解決學習上的困難。

「天格」的計算方式

單姓者（指姓氏只有一個字）**姓氏的筆劃加1即為天格**。例如，張惠妹（張11劃，天格為12劃）、朱安祺（朱6劃，天格為7劃）、丁惠珠（丁2劃，天格為3劃）、王建民（王4劃，天格為5劃）。

複姓者（指姓氏有兩個字）**把姓氏的筆劃相加即可**。例如，司馬中原（司5劃，馬10劃，天格為15劃）、歐陽菲菲（歐15劃，陽17劃，天格為32劃）。

單姓複名的天格計算方式

	1	12	天格
張	11		
惠	12		
妹	8		
31			

複姓複名的天格計算方式

司	5	15	天格
馬	10		
中	4		
原	10		
29			

在「天格」的部分，只要是單姓者都必須要加1的原因，各家各派說法不一，其中有命理老師認為，姓名學是從日本熊崎式起源再傳到台灣來，也就是農民曆上的筆劃派。但日本人多是複姓，所以要加1，來恢復日本人的複姓計算方式。

我倒認為姓名學，自中國古代即有，例如，軒轅氏、有巢氏、火隧氏、神農氏、伏羲氏等，都是複姓，可見最遠古的時代，所有的姓氏，都是複姓。經過歷史的演變，有時是在上位者賜給下位者，有些是因為逃離改姓，有些是被新的朝代君王強迫等不同的因素，才慢慢有單姓、複姓的差別，到現在仍然有許多的複姓存在，像歐陽、張簡、公孫、余楊等都是複姓。還有，台灣的原住民，從日治時代到現在，漫長的歲月中，因為戰爭及歷史的演變，到了近年才開始改回自己的姓氏，但其中仍有不少原住民沒有改回原本的姓氏。

所以，單姓者在天格部分要加1，是要恢復成為最遠古時的狀況，不是以日本熊崎式為主。日本熊崎式是到大陸學習命理，但並沒有學到中國五術的真正精髓，只是片斷擷取中國的五術論點，再傳到當時仍然是被殖民的台灣，進而被奉為姓名學的

「帝學」，實在是一件悲哀的事情。

別忘了中國文字之美，不是近代才有，是累積了五千年的文化，每一字、每一句都是歷史。倉頡造字的時候，驚天地泣鬼神，天地為之動容。因此姓名學絕非近代才有的命理學說，而是自古即有的學問，嚴格說起來比八字、紫微斗數還要久遠，不要認為姓名學是外來學問，一定要以我們自己的文化為榮才是。

至於為何是加1，而不加2或加3，這是因為在數字當中，1為天，是一切的開始，為了敬天追遠的起始，用加1的方式達到成為複姓的目的，至於各位是否認同我的論點並不重要，我也不是在創新一種新的學說，而是利用許多前輩的方法公式，統計出準確率高的公式再加以整合，以簡單明了的方法，讓姓名學有朝一日成為大家的生活常識，那才是筆者所願。

天格所代表的涵義就是「人的因果」。因為一個人出生在哪一個家庭裡、在哪一個生肖年、出生時的父母親，都不是自己可以選擇的，而是由累世的因果所產生。雖然現在的法律規定可以從母姓，但若無特殊原因，姓氏多半在出生的時候就已經決定了。按照這個理論，天格和人格的對應生剋，會產生「父母宮」，而「父母宮」代表先天和長輩對於事業運勢的影響力。

而姓氏與出生年生肖的對應，也會影響一個人在二十歲以前的運勢，至於「生對小孩旺六年，生錯小孩衰六年」的理論，筆者並不認同，就算姓氏和生肖是一百分的組合，如果格局錯誤也會形成敗家子，就算姓氏和生肖不對盤，只能代表二十歲前的成長學習歷程比較容易有波折，父母需要比較用心罷了。

任何一個小孩都是父母的好緣分，不論生肖和姓氏是相助或衝突，都可以透過姓名學來輔助，否則學姓名學有何用呢？

「人格」的計算方式

將姓氏最後一個字與名字第一個字的筆劃相加，即為人格。例如，黃安榆（黃12劃，安6劃，人格為18劃）、許宇函（許11劃，宇6劃，人格為17劃）、司馬三三（馬10劃，三3劃，人格為13劃）、歐陽玲瓏（陽17劃，玲10劃；人格為27劃）

單姓複名的人格計算方式

黃	12	18	人格
安	6		
瑜	14		
	32		

複姓複名的人格計算方式

歐	15		
陽	17	27	人格
玲	10		
瓏	20		
	62		

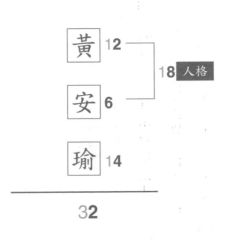

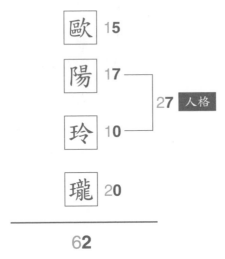

人格所代表的涵義就是「自我」。一個人經過家庭父母及學校師長一、二十年的培養，加上學校生活的磨練，弱冠之年（約二十歲）就是獨立自主的開始，屬於本身的特質，就會更加顯現出來，也是正要準備進入社會的時候，因此姓名學中的「事業宮」也在人格的位置。

至於名一（**編按：指名字的第一個字**）的部分，字體字義所影響到的就是婚姻和事業的運勢好壞，字體字義和生肖若能相助，基本上比字體字義和生肖相剋的人，要來得順暢多了。另外，名一的流年運勢影響一個人三十一歲到四十歲的階段，也是人生最精華的部分，人格和名一的字體都是環環相扣，所以相當重要，若一個不小心取錯名字，會白白浪費人生的精華階段，筆者常見到許多的優秀人才，之所以會懷才不遇，錯失良機，都是因為名一的部分發生問題。而新生寶寶的名字一旦命名得好，不就在先比別人好上二十年了嗎？

「地格」的計算方式

把名字的筆劃數相加就是「地格」。但若是單名者，必須假借1來計算。例如，辜成允（成7劃，允4劃，地格為11劃）、曹興誠（興15劃，誠14劃，地格為29劃）、殷琪（琪13劃，加假借1，地格為14劃）

單姓複名的地格計算方式

辜 12
成 7
允 4
地格 11（成7＋允4）
23

單姓單名的地格計算方式

殷 10
琪 13
1
地格 14（琪13＋1）
23

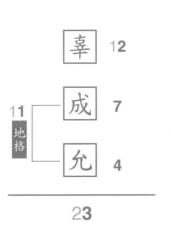

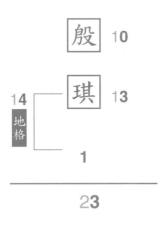

地格所代表的涵義是「家庭」，這裡所指的家庭是指婚姻中與另一半的對應。以現代的理論來看，夫妻婚姻關係是可以自己選擇的，因此也和其他異性關係的對應有關係。例如，在職場上和異性的各種對應特質，因人格和地格的對應生剋，會產生在「夫妻宮」，它代表後天和「異性」對於婚姻事業運勢的影響力。

名二（**編按：指名字的第二個字**）的部分，所用的字義字體將所影響「子女緣」以及財庫中的「庫運」（**編按：指賺到錢之後，是否能守得住錢財的能力**），同時也是四十一到六十歲的流年主要運勢，所以老年運好不好，也要看名二，字體字義和生肖若能相助，基本上比字體字義和生肖相剋的人，要來的順暢多了。

單名者，為什麼也要假借1來計算呢？理由和天格是一樣的。自古完整的姓名都是複姓複名，例如：軒轅長雄。所以取單名的人，地格必須要加假借1來計算。另外，取單名並非不好，只是一個字要扛所有的運勢比較吃力。而且格局上會固定占上一個比肩（**編按：姓名的十用神之一**），比較不好配。

「外格」的計算方式

單姓複名者將名字的最後一個字的筆劃加1（即為天格假借的1劃）。例如，辜仲瑩（瑩15劃，外格為16劃）、吳東亮（亮9劃，外格為10劃）。

複姓複名者則需將姓氏的第一個字加名字的最後一字。例如，司馬大有（有6劃，司5劃，外格為11劃）、歐陽玲瓏（瓏20劃，歐15劃，外格為35劃）

單姓單名者，因為天格假借1劃，名二也是假借的1劃來相加，所以單姓單名的外格就固定為2劃。例如，殷琪（外格為2劃）

複姓單名者，需將姓氏第一個字加單名的假借1劃。例如，司馬懿（司5劃，單名的假借1劃，外格為6劃）、歐陽瓏（歐15劃，單名的假借1劃，外格為16劃）

「外格」會影響到同性之間的相對特質變化。所謂出外靠朋友，靠的就是同樣性別的朋友，所以只要是同性的朋友問題，都可以參考外格的對應及變化。人格和外格的對應生剋，會產生在「僕役宮」，而「僕役宮」代表後天和「同性」對於事業運勢的影響力。

單姓複名的外格計算方式

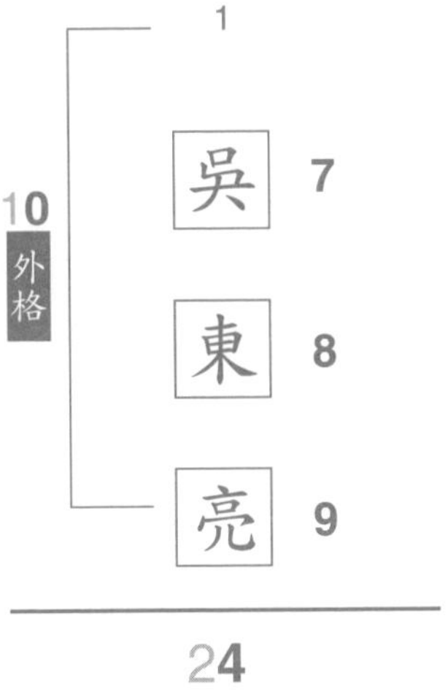

複姓複名的外格計算方式

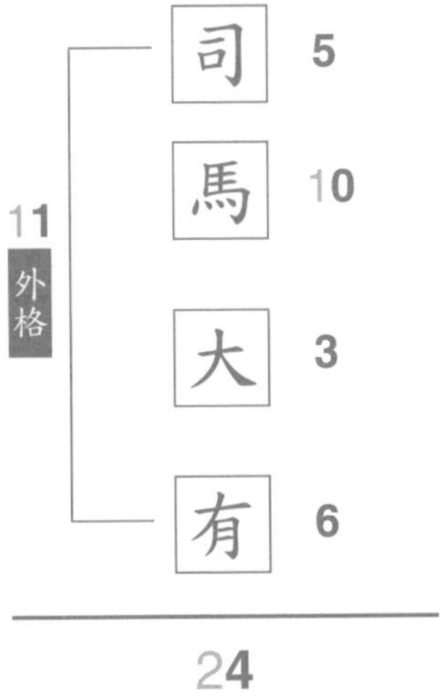

「總格」的計算方式

不論是任何姓名型式，只要將姓名每一個字的筆劃，一一相加，就是總格。例如，徐旭東（徐10劃，旭6劃，東8劃，總格為24劃）、司馬大有（司5劃，馬10劃，大3劃，有6劃，總格為24劃）

總格會影響到一些主要的個性特質。格局不好的人，個性特質就會明顯影響到他的個性思維，格局不錯的人，就會比較不明顯。人格和總格的對應生剋，會產生在「本命宮」，而它代表自己本身的個性特質以及流年運勢的起伏的影響力。

單姓複名的總格計算方式

徐 10
＋
旭 6
＋
東 8

24 總格

24

複姓複名的總格計算方式

司 5
＋
馬 10
＋
大 3
＋
有 6

24 總格

24

五格中的陰陽五行

姓名的筆劃，經過五格的公式計算後，各格的尾數，都會對應到五行（編按：指金、木、水、火、土）的基本屬性，這些五行的基本屬性，還需要區分陰陽，才是完整的陰陽五行。「陽」者剛強，傾向男性化；「陰」者柔軟，比較女性化，陰陽五行的相生、相剋原理，一定要熟練，這關係到姓名的主要架構。名字能不能取得好，架構占百分之六十五，就像房子蓋得好不好，地基最重要，陰陽五行的生剋就決定了名字的地基，唯有靈活運用陰陽五行，才能掌握人生運勢的趨勢。

姓名的筆劃數對照五行的基本屬性

首先將姓名筆劃的五種格局計算出來，找出各格局的尾數，接著將五格標示出五行，再加以統計各個元素的數量。

各格尾數是1或2：是「木屬性」。例如，2、11、12、21、22、31、32、41、42、51、52等都是，尾數若是1，對應的天干（編按：即甲、乙、丙、丁、戊、己、庚、辛、壬、癸）是甲，屬性為陽。尾數是2，對應的天干是乙，屬性為陰。

各格尾數是3或4：是「火屬性」。例如：3、4、13、14、23、24、33、34、43、44、53、54等都是，尾數是3，對應的天干是丙，屬性為陽，尾數是4，對應的天干是丁，屬性為陰。

各格尾數是5或6：是「土屬性」。例如：5、6、15、16、25、26、35、36、45、46、55、56等都是，尾數是5，對應的天干是戊，屬性為是陽，尾數是6，對應的天干是己，屬性為陰。

各格尾數是7或8：是「金屬性」。例如：7、8、17、18、27、28、37、38、47、48、57、58等都是，尾數是7，對應的天干是庚，屬性為陽，尾數是8，對應的天干是辛，屬性為陰。

各格尾數是9或0：是「水屬性」。例如：9、10、11、20、29、30、39、40、

49、50、59、60等都是，尾數是9，對應的天干是壬，屬性為陽，尾數是0，對應的天干是癸，屬性為陰。

在命名格局分析時，讀者計算驗證前，先算好名字五格，再將標示出陰陽五行，並將個位數圈起來，找姓名筆劃個位數，就能知道孩子的命名格局。例如，李是7劃，蔡是17劃，命名時要找姓氏個位數字是「7」；丁是2劃，黃是12劃，就要找姓氏個位數字是「2」的章節。

各格尾數是「1」，不論	1、11、21、31、41、51、61、71 本質都是「1」
各格尾數是「2」，不論	2、12、22、32、42、52、62、72 本質都是「2」
各格尾數是「3」，不論	3、13、23、33、43、53、63、73 本質都是「3」
各格尾數是「4」，不論	4、14、24、34、44、54、64、74 本質都是「4」
各格尾數是「5」，不論	5、15、25、35、45、55、65、75 本質都是「5」
各格尾數是「6」，不論	6、16、26、36、46、56、66、76 本質都是「6」
各格尾數是「7」，不論	7、17、27、37、47、57、67、77 本質都是「7」
各格尾數是「8」，不論	8、18、28、38、48、58、68、78 本質都是「8」
各格尾數是「9」，不論	9、19、29、39、49、59、69、79 本質都是「9」
各格尾數是「0」，不論	10、20、30、40、50、60、70、80 本質都是「0」

五行的相生相剋基本概念圖

五行相生：木生火、火生土、土生金、金生水、水生木，形成一個循環。另外要注意，木多火熄、火多土焦、土多金埋、水多木沉，五行的元素比例，若差距過多，反而會造成反效果。

五行相剋：木剋土、土剋水、水剋火、火剋金、金剋木，形成一個循環。另外要注意，木不堅實反被土傷、土不厚實反被水破、水不強大反被火灼、火不旺盛反被金滅、金不鋒利反被木震。

五行的元素比例，若是差距過多，同樣達不到原先的效果。相生未必吉、相剋未必兇，相生過多反為兇，相剋過多反為吉，五格的陰陽五行，只要排列得宜，五行元素比例恰當，無論生剋都是好格局。

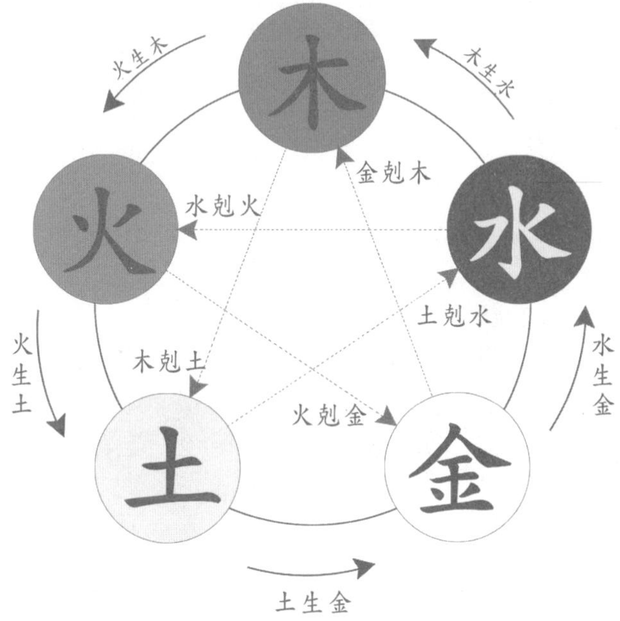
木
火
水
土
金
火生木
木生水
金剋木
水剋火
土剋水
火生土
木剋土
火剋金
水生金
土生金

五行對孩子的個性影響

五行的基本屬性影響的是孩子的個性五行。五行當中「木」影響孩子的體力和耐力；「火」影響孩子的自信力和靈活力；「土」影響孩子的學習力和領悟力；「金」主控孩子的直覺力和敏感力；「水」則決定孩子的活躍力和衝勁力。

姓名中五行的生剋，和有無其中一種五行的屬性，對於個性影響很大，尤其是會影響到一個人的事業心，究竟是走向安逸的生活、有工作就好，還是豪氣萬丈、企圖闖一番事業，這與姓名中五行的影響有很大的關係。另外，是否有躁鬱憂鬱的傾向，也可以從姓名中的五行是否過於集中而事先預知。

至於五行基本屬性帶給人的個性特質，是屬於正面居多還是負面居多，則要看姓名的「格局」（**編按：指姓名的八字**）。一般來說，格局有「正官」出現時，正面影響居八成，負面占兩成；「傷官」出現則剛好相反，負面影響居八成，正面占兩成；比較難論的「無官」者，五行的基本屬性，都會形成隱性的狀態，這是因為「無官」

的人，容易受到周遭環境的影響；而有「偏官七殺」的人，五行的影響會形成放大作用，也就是會比一般人更明顯。

各格尾數是1的孩子，對應的五行為「陽木」，具有「紫微星」的特性，有獨木撐天的意味，具有堅毅不拔、勇往直前、吃苦耐勞，活躍力強、積極進取，帶有濃厚向上的企圖心，有指揮掌控流程的傾向。口氣有命令式的感覺，屬於陽剛直接的方式，凡事不會拐彎抹角，豪爽不虛偽。姓名格局中若有「傷官」、「劫財」的話，個性上會霸道一點，主觀意識強烈，個性不穩定，意志不堅定，愛管閒事，欠缺敏捷應變能力，喜歡所有的人與事，都在自己的掌握中，比較沒有考慮到別人的感受。

各格尾數是2的孩子，對應的五行為「陰木」，具有「耐久木」的特性。不會用強勢、直接的作法去掌控所有的人、事、物，而是用耐心、並肩一起的方式，取得眾人心甘情願的支持。聰明能幹、善於謀略，進而培養自己的實力，屬於陰柔間接的方式，善於適應不同的生存環境，重視團體的成長。姓名格局中若有「傷官」、「劫財」的話，容易優柔寡斷、猶豫不決，陷入孤獨行事，且心靈空虛，容易虎頭蛇尾。若事先沒有溝通，有時所用的方式，會被誤解為陰險狡猾，工於心計和城府深沉。

各格尾數是3的孩子，對應的五行為「陽火」，具有「貪狼星」的特性，表現出追求理想完美的特性，屬於陽剛直接的方式，樂觀進取、行動力強、主動熱心、責任心強、反應快，喜歡與別人評比、好勝心強，努力朝心中的理想目標，一步一步去實現，黑白分明、個性剛烈。姓名格局中若有「傷官」、「劫財」出現的話，顯出追求慾望的負面磁場，容易好高騖遠，喜愛計較，加上行事莽撞，容易給予別人不擇手段達到目的、愛慕虛榮、追求名利的感覺，重外表穿著華麗，但內心空虛寂寞。

各格尾數是4的孩子，對應的五行為「陰火」，具有「無名火」的特性，屬於陰柔間接的方式。顯現的是不急躁，個性溫和善良，富有同情心，不會衝動行事，處理事情有條不紊，想法周詳，耐久持續力強，重視別人對自己的觀感。姓名格局中有「傷官」、「劫財」的話，很容易有起床氣，沒有睡飽的話，情緒會變差，而且會表現在外，此時要盡量避免去招惹，以免自討沒趣。隨興而為的個性，令人不知所措，在處理事情的態度，令人難以捉摸，喜歡亂發脾氣，讓人不知如何與之相處。

各格尾數是5的孩子，對應的五行為「陽土」，具有「天機星」的特性，屬於陽剛直接的方式。在同一群競爭者當中，學習能力強，臨場反應快，處理事情簡單快速，博學多才、外柔內剛、人緣不錯，常是眾人注目的焦點，有文人氣質，為人斯文。姓名格局中若有「傷官」、「劫財」的話，在學習過程中，會自以為已經全部學完，或是因為別人的妒忌，產生了不好的互動，容易有半途而廢的情形，因自視能力高，不夠圓滑，所以容易與人摩擦，臨場機智反應變差。

各格尾數是6的孩子，對應的五行為「陰土」，具有「悶燒土」的特性，屬於陰柔間接的方式。對於任何需要學習的人、事、物，都會以默默在旁，慢慢累積的方式學習，並且不會排斥別人。雖然臨場反應也不錯，但不會刻意引起眾人的注意。對於處在不同環境的適應力佳，懂得隨時充實自我內涵的人，姓名格局中若有「傷官」、「劫財」的話，學習的過程中，容易被打斷，為人三心兩意，思維情緒比較複雜，所學的項目太雜而不專精，不敢承擔重責大任，容易浪費學習資源。

各格尾數是7的孩子，對應的五行為「陽金」，具有「天相星」的特性，屬於陽剛直接的方式。剖析事理能力強，不會被甜言蜜語所迷惑。對於局勢探討有個人的觀點，尤其對細微的部分，不會放過，是天生的宰相運，適合當幕僚長，輔佐老闆成名立萬。姓名格局中若有「傷官」、「劫財」的話，個性上容易優柔寡斷，態度猶豫不決，因考慮太多，容易錯失先機而造成失敗，所提的建議分析易遭其他人反對，有孤掌難鳴的感覺，空有良策可興國，卻無良運可配合，懷才不遇的運勢時常出現。

各格尾數是8的孩子，對應的五行為「陰金」，具有「柔和金」的特性，屬於陰柔間接的方式。不論任何事務，平常就會多方蒐集，分析比較，擅長旁敲側擊，不會引眾人注目，令別人加以防備，最適合當個幕僚人員，尤其市場調查人員更能發揮特性。姓名格局中若有「傷官」、「劫財」的話，容易博而不精，探討不夠深入，內容廣泛變空蕩，為人好急功近利，處事不切實際，思維情緒起伏大，處理事情態度感性大於理性，影響大局判斷能力，造成未開始即已預見失敗的運勢。

各格尾數是9的孩子，對應的五行為「陽水」，具有「破軍星」的特性，屬於陽剛直接的方式，是個天生的將軍運。個性閒不下來，回到家中，只是短暫的休息，在外朋友緣不錯，不用怕寂寞。主動且愛表現自我，領導統御心強，喜歡掌握指揮。姓名格局中若有「傷官」、「劫財」的話，只要朋友一招呼，再晚都出門，會以外面的朋友為重，喜好遊玩，心無定性，只說不做，酒肉朋友比較多，一旦發生困難需要幫忙的時候，能挺身而出的寥寥無幾，無任何助力。

各格尾數是0的孩子，對應的五行為「陰水」，具有「溫柔水」的特性，屬於陰柔間接的方式，在外的朋友緣不錯，不用怕寂寞，只要朋友邀約，多半奉陪到底。在團體當中，雖非最耀眼，但個性上屬於熱心雞婆型，算是甘草型的人物，喜歡旅遊到處走。姓名格局中若有「傷官」、「劫財」的話，朋友只有在情緒最不好、運勢最失意的時候，才會想到要連絡，個性上比較在乎別人對自己的評價，常隨外人的觀感，改變自己的作為，有時會被譏諷為牆頭草，搖擺不定的態度反而不討好。

一個人本身的體力、行動力、思維敏銳力、體力、耐力、學習力與自信都和姓名有關，有人說性格決定一個人的一切作為，筆者說姓名才是影響、決定一個人的性格，而個人在工作事業上的行徑，都和其性格息息相關。一樣是少根筋，好格局就「大智若愚」，差格局就會被說成「白目」。個性積極的人，好運時是有自信，運勢差時就形成賭徒性格，這一些都和姓名中的五行屬性以及格局好壞息息相關。

◎五行和六神官位對「個性」的影響

五行	官位	正官	偏官
木（體力和耐力）	有	很會選擇對自己有利的機會	對某事物有興趣時，會拚命找機會
	無	有效率，不做徒勞無功的事	對人事物的處理，需有利益才執行，較現實
火（自信力和靈活力）	有	有自信，態度積極，不會有勇無謀	自信滿滿，心中沒有困難事，容易執我而為
	無	謹慎小心，沒有準備好便不輕易執行	個性謹慎保守，觀前顧後，容易失去機會
土（學習力和領悟力）	有	學習生活技能的能力快速	喜愛的事會學到底，沒興趣就隨便學
	無	學習生活技能雖慢，但學會就難忘	喜愛的事就算學不會，仍堅持學到底
金（直覺力和敏感力）	有	直覺及分析能力強，行為較細緻	特別敏感，容易鑽牛角尖
	無	粗線條，屬大智若愚型，人緣奇佳	個性遲鈍，慢半拍，後知後覺，有人點才會醒
水（活躍力和衝勁力）	有	人際關係佳，人見人愛，口才好	個性外向，四處跑，家中待不住，同學關係好
	無	不愛出門，文靜，喜歡獨處	個性容易孤僻，沒事寧可待家也不願出去

五行	官位	傷官	無官
木（體力和耐力）	有	碰上機會急著趕快處理，容易有尾巴處理	沒安全感，有機會仍然不安心而四處問
	無	沒有利益就不想去動，有點勢力眼	沒安全感，除非好處擺眼前，否則寧可不動
火（自信力和靈活力）	有	過度自信，不夠謹慎，有勇無謀	沒安全感，機率過七成才敢去運作
	無	太過於謹慎小心，易沒自信而失去好機會	沒安全感，如驚弓之鳥四處躲避
土（學習力和領悟力）	有	天資聰明，可惜學一半，認為已學會而放棄	沒安全感，就算學會也不敢表現
	無	學習過程需要花更多時間才能完成	沒安全感，對於學習一有疑惑立即停止學習
金（直覺力和敏感力）	有	個性緊張，太過敏感，容易情緒化、歇斯底里	沒安全感，一有風吹草動第一個閃開躲避
	無	個性太大而化之，動作大，容易搞破壞	沒安全感全表現臉上，不自知容易白目
水（活躍力和衝勁力）	有	屁股坐不住，四處跑，出去像丟掉，回家像撿到	沒安全感，四處找人幫忙、求救
	無	外在人際關係圓融度差，易受人排擠	沒安全感，宅在家不想跟任何人說內心事

從母親的流年運勢推斷生男生女

早年在統計姓名的過程中，我發現一件蠻有趣的事情，就是用小孩的出生年，對應母親姓名流年運勢，可以推斷這一胎生男或生女的機率。

根據統計案例，約有92%的準確機率。若小孩出生年度是落在母親流年運勢中的「養」「生」「冠」「官」位置，92%容易生到男生，落在母親流年運勢中的「衰」「病」「死」「絕」位置，92%容易生到女生。母親流年運勢在「帝」「胎」位置，則比較撲朔迷離，故各有一半機率。

落在圖表「養」「生」「冠」「官」位置的運勢，生到男生的機率有92%，舉例來說，王靜瑩的總筆劃是35劃、60年次、屬豬，民國94年虛歲35歲，流年運勢落在官運九十分，所生小孩92%是男生，王靜瑩的確生了男寶寶。又陳孝萱總筆劃是38劃、59年次、屬狗，民國94年虛歲36歲，流年運勢落在生運七十分，生的小孩92%是男生，事實上陳孝萱的確生了男寶寶。

如果在偏生男階段，生到女寶寶的話，會有女孩個性較接近男孩的情況，再進一步統計這些應該生男卻生女的案例，發現父親通常有下列情況：

- 工作壓力大、精神與睡眠品質差、作息不正常、日夜顛倒、常熬夜。
- 習慣性飲酒，尤其是受孕前三個月有頻繁的現象。
- 在房事比較頻繁時受孕。

和母親有關的部分：

- 正處服藥期間，恰好改變身體體質，形成排斥男生精子體質時懷孕。

在這左半部都有92%的機率容易生男孩子，若是生到女孩，則女孩子比較偏男孩個

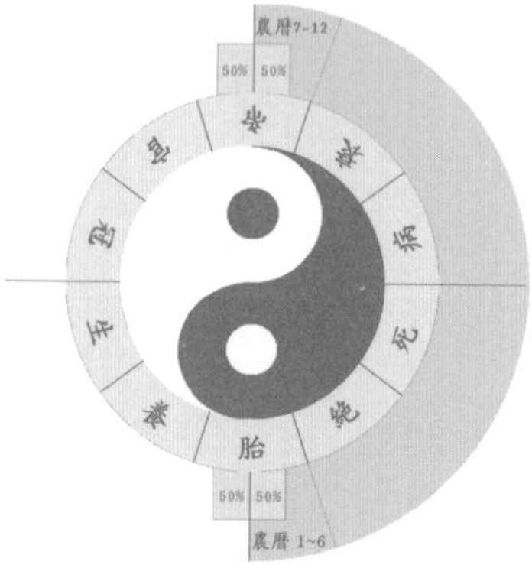

在這右半部都有92%的機率容易生女孩子，若是生到男生，則孩子比較秀氣斯文

以母親的名字作為計算基準

・和母親本人生肖有關，當母親生肖和小孩生肖一樣或有三合或三會現象及對沖時，容易產生反性現象，也就是民間俗稱的被偷換掉。

落在「衰」「病」「死」「絕」位置的運勢，生到女兒的機率約92%，如徐熙娣和陶晶瑩的小孩性別，即落入此公式中。再以影星季芹為例，在95年8月26日《自由時報》，我即根據姓名學原理，推斷季芹八成有孕在身，且身體不好、懷的是女兒，最後的確命中。

在生女機率高階段生到男孩的話，男孩長相大多秀氣斯文、個性溫文儒雅，再進一步統計這些應該生男卻生女的案例，發現父親通常有下列情況：

・自己與老婆壓力小、睡眠品質好，在作息正常、精神好的情況下懷孕。
・無習慣性飲酒。至少懷孕前半年很少喝酒，或從不喝酒且經常運動。
・房事頻率較正常時受孕。

和母親有關的部分：

- 是正處服藥期間，恰好改變身體體質，形成排斥女生精子體質時懷孕。
- 是和母親本人生肖有關，當母親生肖和小孩生肖一樣或有三合或三會現象及對沖時，容易產生反性現象，也就是民間俗稱的被偷換掉。

母親流年中變數比較大的是「帝運」「胎運」，這兩個流年所生的小孩，男女機率各半。舉例來說，賈靜雯總筆劃數是41劃，63年次，屬虎，民國94年虛歲32歲，所以流年運勢落在帝運九十九分，此階段所生小孩是男是女各占50％，最後，賈靜雯生的是女寶寶。賈靜雯先生（前夫）有習慣性飲酒，推斷受孕前三個月應有喝酒行為。

至於，為什麼是以母親的名字為主？醫學上決定男女不是男方的精子嗎？為什麼不是以先生的名字為準？

根據我的統計，若母親沒有刻意以藥物調養體質的話，在容易生男的年度裡，母親很自然地會調整成適合接受男生精子、排斥女生精子的體質，在容易生女的年度裡，則會很自然地調整成適合接受女生精子、排斥男生精子的體質，正處於「胎運」及「帝運」的時機，剛好就是體質正在轉變的時候，所以通常比較不穩定，才會出現生男或生女各一半的機率。

如果母親名字改過，那麼要看改前改後的流年相差多少（改前改後流年根本沒變或完全不同的情況都有），還有名字改了多久（**通常改名未超過10年，舊名的準確性較高**）。這時，不妨拿舊名字及新名字各自算一下，看看是哪一個名字的準確度較高，下一胎就可以以該名做計算。

姓名帶來的影響力這麼大，算法也這麼的簡單，是否已經改變您對姓名學的一些看法呢？是不是也該改變作息，好好規劃生兒育女的計劃了呢？但是，要記住不管是生男也好、生女也好，都是父母的心肝寶貝，好好栽培，男女都一樣好。

千萬不要有任何的歧視，甚至，拿硬是將這套公式用在受孕生產，這反而會因為壓力過大無法如願，這樣一來就違反這套公式的本願了。

命理的準確是為了要讓我們有所心理準備，準備一旦有命理所說的現象時，能夠從容的面對及處理，不是迷信，更不是生活的準則。

我生了兩個女兒，卻從來不覺得有什麼不好，也從不覺得沒有男孩有所缺憾，只要不為非作歹、光明磊落做人就是好孩子。

孩子命名

觀念篇

想要幫孩子取個好名字，得先建立好觀念。
了解每個姓氏的特質、選擇適合生肖的用字，
並記得詳讀十一個命名時要特別注意的事項，
不只能幫孩子取一個健康向上加分的好名字，
還能看出孩子的流年運勢，推算孩子叛逆期！

命名觀念和注意事項

「好運」就是在對的時間，碰到對的人，做了對的事情。我的大女兒就讀國小的六年當中，總共換了三個導師。我從來沒有刻意關說要讓大女兒到某位老師的班級上課，只是很幸運地，每次都被分配在公認好老師的班級，那屆共有十三班，六年共三次重新編班都很好運的機率有多大呢？答案約為二千一百九十七分之一。

此外，我的大女兒在小五，數學能力開始展現，並於95年的第七屆國際數學比賽臺北區拿到優勝獎盃，96年上的是社區國中，剛好首次有「數理資優班」的招生，她是10個錄取名額中，唯一一個女生，98年參加全美數學競賽，全世界將近16萬名競賽者中，得到「滿分」有四百多位，其中女生有七十幾位，大女兒亦為其中之一。而我的小女兒在就讀小三時（民國98年），拿到校外數學競賽三等優勝獎盃，一下子同年級的老師都認識她。讀高一時，順利考上該校的數理資優班。

我的兩個小孩都考上資優班，其實出乎我的意料之外，我和內人從來不太重視孩子的功課，反而經常參加社區的素描才藝班或圖書館活動，考試考的好就嘉獎，沒考好就協助她們把不會的（錯的）部分弄懂，我們認為沒必要因為考差處罰小孩。雖然小孩的個性及運勢好壞，和姓名有一定的關係，但若為人父母者沒有在身邊好好陪伴，就算有再好的機運也沒用，有了好名字，加上父母好的思想與好的教育，子女當然能獲得非常好的運勢。

「富貴」在以前無非是指一輩子穿金戴銀，最好還有功名來光宗耀祖，但以現代生活的環境來為「富貴」下新的定義，我認為，適合的生長、學習環境、適合的朋友、工作、伴侶，及生活態度就是富貴，所有的適合得靠一個「好運」來實現。

想想看「運氣好」才能有好保母、好老師、好同學、好夥伴、好伴侶、好工作、心靈充實不空虛，這一切和「運氣」都有關連。**「姓名」就是決定每一個人的運氣好壞的重要關鍵。**

名字取得好貴人多小人少，碰到困難迅速解決，脾氣好、個性穩重、學習能力強，有朋友相助，且多受到大環境的影響小，工作財運好，找到好伴侶的機會也高。

一旦名字取得不好，運勢差、懷才不遇，工作不順，在愛情、婚姻挫折機率高，脾氣不好，且個性浮躁。

個性決定人生一切，姓名決定一個人的個性。幫孩子取個好名字，就是在幫小孩塑造一個穩重、安全、可靠性格，幫助孩子創造未來良好的運勢。一旦幫孩子取個好名字，有了良好的性格，「富貴人生」當然就掌握在孩子手裡。

如何才算是一生富貴的好名字呢

第一，要身體健康。孩子身體不好，不只父母耗神、費心力，孩子本身也會因為健康因素，適應環境能力較不好，這部分和「生肖姓名學」有關，命名時所用的字體本身，需要符合小孩的生肖，用對了字，除非不好的生活習慣，或居家陽宅出問題，否則身體健康度一定比用錯字的人強。我就統計過，用對字的小孩生病機率少、次數低（不是不會生病，千萬別誤會），就算真的生病也比較輕微，用錯字生病機率高、次數多，病況通常比較嚴重。

第二，要**學習能力強**。孩子的學習能力關係未來發展的強弱，亦與一部分人際關係有所關聯，畢竟遲鈍、少根筋的人，不僅容易被利用，也容易被放棄，這和名字的「六神」格局及五格中的「陰陽五行」有關，六神加五行的組合會對學習能力的高低產生影響（**參考P59〈五行和六神官位對「個性」的影響〉**）。

第三，要**個性四平八穩**。個性差、脾氣暴躁的孩子，通常是憑直覺在做事，也比較靜不下心，活潑好動在別人眼裡變成過動、搞破壞，主觀意識強烈的孩子，個性上太有主見，我執的心很重，格局不好時，容易叛逆，令人傷透腦筋，這和「六神姓名學」（**編按：六神即為十用神的簡稱**）有關，也是最重要的部分。

幫孩子命名之前，得先停、看、聽。建議想為孩子命名的讀者，先找個有口碑的好老師，花點諮詢費幫你算名字，測試一下他的功力，千萬記住不能把自己的八字給老師，因為有可能是用八字，或紫微斗數的算法去論名字，並非是真正用姓名在論，只能給命理師姓名及農曆生肖，其他的不必多給（連地址也不可以給）。

在諮詢過程中注意命理師的語法，有些命理師只是在運用心理學術語跟著你的話轉，並非真正在命理，如果你不發一語，命理師還能說中八成以上（包括財運、工作、愛情、個性、流年等）才是真的有墨水。提醒你，只有在決定請命理師幫孩子命名時，才可以給他孩子的八字。

姓名學中五格是相互對應的關係，等於是成立了一個人一生運勢所有的基礎架構，不論是個性（脾氣）溫和或暴躁，貴人或小人多寡、桃花或婚姻運勢強弱，財庫子女、工做事業等，都在陰陽五行的對應中，產生最原始最源頭的影響。

好比古代蓋房子時，需要先立四方的「四根柱子」，再上大梁確立中心點，然後依房子特性，隔間裝潢。姓名五格中的「十用神」組合，就是四根最重要的柱子，立對了，姓名運勢就對了七成，人的一生運勢基石，也就穩固了。至於另外的三成，就是隔間裝潢，與生肖用字有關，用對了不僅可增強運勢，身體健康度也較高，用錯了很容易造成懷才不遇現象，身體健康度也比較差。

究竟人生是平淡無奇、四平八穩、平凡過日子的好？還是一路精彩、起伏不定、高潮迭起、萬眾矚目的好？無論選擇哪一種，都有正反的評價與看法。當平凡過日者羨慕別人多彩多姿的生活時，說不定也正被他人羨慕著呢！

孩子的命名，也有四平八穩和多彩多姿的格局架構之分。我在幫新生兒取名時，會用「四平八穩」的格局（**編按：也就是格局中一定要有「正官」**）去取，優點就是在二十歲前比較「平安」、「順利」、「健康」，可讓父母減少許多煩憂，只要給予小孩自由發展空間，便會有均衡表現，不會落差太大，孩子成年後各方的運勢，都會朝正面、全方位的角度去發展，但是，這種取名方式往往因為沒有特色（不夠突出），少了很多驚嘆號！

因此，才需要父母從孩子「通才」當中，幫小孩子找出一兩樣特色，訓練成為「專才」，如此就能更完美。小孩的發展仍然需要尊重其個人的意願，若自顧自地為孩子鋪路，很有可能在長大成人有自主權後，被孩子自己否決、推翻，如此一來，豈不白白浪費許多光陰，延誤人生。

現代父母千萬別用高壓命令的方式，應該是以輔導者的角色，從旁提供意見、分析，給予孩子自己較多思維空間，這樣孩子成年以後的人格才會紮實穩固，一旦開始發揮實力，不是隨便的人可以追上的。

命名格局取用時要特別注意，「官」的部分。男女名字格局盡量要有「**正官**」，這會讓個性比較穩重，工做事業比較平順、穩定。女生的「正官」有第二含義，就是好桃花的比例會比較高。小孩的名字用「**偏官**」的話，個性上自主性高，事業以「專業」性質居多，要避免主觀意識強烈形成所謂的「固執」。女生有「偏官」桃花旺，在戀愛婚姻方面常太過執著，形成自己痛苦機率高。

至於「**傷官**」要盡量避免，有傷官者容易個性衝動，遇小人、事業不順的機率很高，女生的話，爛桃花、婚姻不順的機率高，若是出現在父母宮，對父母的運勢及健康也會有影響，一定要多注意（後有專章詳述）。

在「財」的部分，男女生都盡量要有「正財」或「偏財」，這在理財方面的觀念會比較正面，對財運也比較有利。有「劫財」的男生容易有爛桃花、婚姻不順的現象。若是出現在父母宮，對父母的運勢及健康也會有影響。女生若有「劫財」，成為敗金女的機會高。

在「印」的部分，不論是「正印」或「偏印」都好。「正印」若是兩個，最好有「正官」來搭相配，否則「有印無官」容易有付出不獲回報的狀況，若有「偏印」沒有「正官」，則容易有依賴心。

「食神」有無都好，有的話一個就好，若是太多卻沒有「正官」搭配，容易慵懶、不切實際。「比肩」的部分有無都好，有的話一個就好，若是太多卻沒有「正官」搭配，容易凡事斤斤計較。總之，任何六神元素，同一種的元素太多反而不好。

命名時的十一個特別注意事項

（一）確認八字當中的喜忌用神（參照附錄〈先天八字的喜忌用神〉）

一般八字派老師會依照孩子先天八字喜用神，缺少什麼五行，就補其缺少五行部分的字形，這是相當危險的事情。如高雄岡山，有位胡姓媽媽的孩子，屬「兔」，名二字形的部分，叫「瀚」，我提醒她，這個孩子要注意腳部疾病，腳易受傷或學走路學得比較慢。事實上她的小孩根本不敢走路，因為雙腳的腳底、腳面及腳趾長滿了水泡，無論吃藥或擦藥都沒用，情況有一年多，也找不到類似病例，連做了基因檢測，也沒有發現任何問題。父母束手無策。

經過我提醒，發現名字是請人取名的，這是八字中缺水、用字來補水的八字派作法，但是「兔子不能碰水」，字形上有水，未受其利先受其害。經我改名且戶籍登記後，這個小孩的雙腳，約四十九天後，水泡已不太嚴重，三個月後，幾乎沒有水泡，一年後水泡不再產生。這種依照缺什麼就補什麼的作法，相當常見，但也常常出狀

況，一定要特別注意，

所以喜忌用神的五行，若是和生肖不合時，姓名架構的難度提高，適合的字形大為減少，當然喜忌用神的五行，若是和生肖有相互搭配的時候，在用字方面，就可以有較大的空間發揮，姓名架構格局也會有多一點選擇。

（二）確認出生年的生肖

生肖姓名學的生肖判斷有兩種，一種是以農曆年除夕夜十一點為基準，認為大年初一才是生肖的交替，一種是以二十四節氣中的「立春」為原則（八字即是採立春為準）。我統計近二十年，發現以立春為原則的生肖比較準，因為以前立春即是過年。不過在這種令人困擾的時間範圍，我會盡量使用前後生肖都可用的字來命名，缺點是選擇性會變少（以前我主要以農曆年除夕夜十一點為基準，搭配立春為輔。這是版本不同的造成的差異）。

（三）決定姓名的架構

不同筆劃數的姓氏，有一定適合的公式組合，所以相同的名字，不見得適合每一個姓氏，如林宗賢的宗賢，搭配「林」格局非常好，但是搭配姓李，可能就會剋到父母。另外五格的筆劃數，個位數盡量避免全部五格都相同，如11、21、31、41、51，這樣個性上容易有較極端的作為，尤其是姓氏筆劃為十劃的姓，最容易有這個現象。

（四）姓氏不同的取名忌諱

姓氏當中有五行的字形，或十二生肖的字義，都要注意名字的字形是否「刑」「沖」「剋」到姓氏，尤其「剋」最嚴重。如「李」有木有子，取名改名就要特別注意，不能有「金」及「火」，連「日」字邊都不行，上或右半部是影響到父親，下或左半部則影響到母親。姓名格局中父母宮的位置有傷官的話，對於父母及祖父母的運勢影響更嚴重（名一是父母，名二是祖父母）。

舉例來說（如下），有一位「李金鳳」小姐，58年次，屬雞，37歲，格局的上「父母宮」剛好是「傷官」，我直接告知李小姐，其父母自她幼時、名字取好、戶籍登記完後，運勢便不曾好過，尤其是父親，若八字不夠硬，名字不夠好，很容易先走一步，若是父親沒事，則母親身體會很不好。一聽完我的話，這位小姐眼眶泛紅告知，父親已過逝十幾年，從小母親操勞身體不好，父親過逝後母身體才轉好，我安慰李小姐，名字是父母取的，不必自責，好好孝順母親就好。

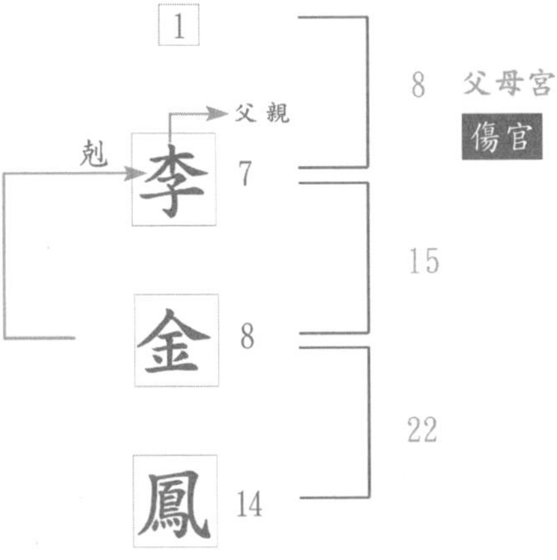

為何會如此呢？因為「李金鳳」名一是「金」，五行中的「金」剋「木」，而「李」的木在父親的位置，直接就會影響。所以父母在為孩子取名時，一個不小心，可能也會影響家庭家人的運勢。在改名時，同樣也該多注意，畢竟不僅是要讓自己（孩子）的運勢改善，也要注意到是否會影響到父母，否則自己的運勢變好了，卻害到父母，可不是一件好事。

（五）依架構筆劃挑選合適的字

架構完成等於是地基完成，接下來就要裝潢了。裝潢就是「挑選出適合小孩生肖的用字」。按照生肖五行屬性，及生肖的生活特性、生肖之間的相互對應關係，找出適合的字形。如生肖屬「馬」，馬的習性吃草不吃肉，用「艸」邊忌用「肉」邊，陽剛喜大不喜小，「馬」五行屬火、「水」字邊就不能用，如果生肖部分的喜用字，不知如何鑑定選用時，請用我所附的程式幫忙鑑定。

（六）考量父母的生肖

孩子的生肖用字若和父母生肖不合的話，傷害性要看姓名格局來定，如果格局沒有問題，那麼就不會有任何傷害，如果格局有問題，那麼就會對父母造成傷害，但傷害強度並不是太高，除非父母本身的八字及名字實在有太大問題，要不然都是屬於輕微、可忽略的，當然可以避免就盡量避免。新生兒的命名影響父母的程度，比孩子成年後改名的影響程度大上三倍左右。

生肖姓名學的通則，字形的上或右邊，對應的是父親，下或左邊對應的母親，如小孩生肖屬豬，若是取名「儀」字，父親屬龍和義字，有天羅地網困住龍的感覺，母親生肖屬虎，「人」字傷虎，容易傷到母親，但儀字適合屬豬的小孩，這樣的情況，要注意小孩的姓名格局中，父母宮位置有沒有「傷官」或「劫財」出現，如果沒有才可以使用，成年後要改名的話，除非真的挑不到字，否則建議最少二十五歲以上的人，才來使用。因為這個年紀傷害父母親運勢的程度，已經下降到微乎其微的程度。

（七）頭重腳輕的用字要避免

通常名二用字筆劃乘上兩倍，還比名一的筆劃數少時，就一定構成頭重腳輕的格局，運勢容易雷聲大雨點小，有先盛後衰的現象。這種格局凡事容易收尾巴，無法一次就順利圓滿完成。如「寶玉」，玉只有5劃，而寶有20劃，很明顯地頭重腳輕，格局要盡量避免。

（八）不可與直系血親的長輩，有相同的用字

不要挑選和已知長輩相同的字，避免倫理輩分不分，也不能和父母親名字有相同的字。長輩是指要命名的同姓氏，從父姓就是以父親這邊的親戚為主，如祖父母、叔伯、姑姑，母親那邊的親戚則要避開外祖父母及第一個舅舅。若從母姓就是以母親這邊的親戚為主，包括外祖父母、舅舅、阿姨，父親那邊則要避開祖父母及第一個伯叔。至於堂兄弟姐妹、表兄弟姐妹，有一個字相同是沒有關係，這些都屬於同輩分。

（九）注意諧音的問題

名字的字形字義要漂亮，諧音也要特別注意，國語臺語都要念看看。如「惠仁」用國語讀是沒問題，可是臺語卻諧音「廢人」。又如「皓捷」這個名字好嗎？看起來不錯，念起來卻和「浩劫」同音。不過有一個姓，可能例外，就是吳。「吳皓捷」念起來和「無浩劫」同音，我有一位很久沒見面的朋友，就叫「吳皓捷」，說也奇怪，他雖然小人是非不斷，但總是能逢凶化吉。不過這種諧音還是少取為妙，否則浩劫連連，不是每個人都可以承受的，所以諧音的問題，最少要國臺語通過才行。

（十）除非複姓或冠夫姓，否則名字避用百家姓

使用「姓氏」來命名，如「陳黃洪」，易有辛勞運勢，也易有外遇的運勢。

（土）五格筆劃數的個位數，盡量避免全是單數

這樣格局太陽剛，易衝動，不懂觀前顧後，對男生影響小，若女生容易女兒身男兒命。據我多年以來的觀察發現，多是吉祥數字派（熊崎氏筆劃派）取法。

每個姓氏都有獨特的特質

每個姓氏加上生肖的組合，就是孩子和父母的因果關係。每一個姓氏都有獨特的特質，在幫孩子取個好名字的時侯，要注意到姓氏的一些特性，有的老師說「生對小孩旺六年，生錯小孩衰六年」，本人絕不認同這種說法，除非命名時格局錯誤（那也是父母自己的問題），否則每個小孩都是父母的福星。

在我統計中發現，小孩的生肖跟姓氏分數較低時，最多有可能只是觀念上衝突點比較多而已，不至於讓父母衰六年。反而是格局用錯，而且造成剋到父母的現象，倒是統計了不少案例。所以父母看命理書時別走火入魔，造成跟小孩的疏離，甚至於產生不好的後遺症，這不是學命理的真正態度。

現在我將統計心得供給各位父母參考，讓為小孩命名的父母，在用字上多一層考量，已經命好名的孩子也可以來檢測或驗證。以下是以坊間百家姓為主，如果有未列出的姓氏，可以透過粉絲團或程式裡的電話詢問。

◎：合適（80分以上）：在這個生肖年出生的小孩，與父母親的互動好，緣分較深，頭部疾病少。

△：尚可（50～70分）：在這個生肖年出生的小孩，與父母親的互動尚可，緣分普通，頭部疾病普通。

※：不合（50分以下）：在這個生肖年出生的小孩，與父母親的互動少，緣分較薄，頭部疾病多。

姓氏	鼠	牛	虎	兔	龍	蛇	馬	羊	猴	雞	狗	豬	對父母不好的部首用字
丁	※	※	△	△	※	◎	◎	◎	※	※	△	※	水
刀	△	△	△	△	△	△	△	△	△	△	△	△	
卜	◎	◎	※	△	△	△	◎	◎	△	◎	※	※	
刁	△	△	△	△	△	△	△	△	△	△	△	△	
力	△	※	◎	◎	※	※	◎	※	◎	※	◎	△	
万	△	◎	※	△	◎	△	◎	◎	※	◎	※	※	
川	※	◎	△	△	◎	△	※	※	◎	◎	※	△	
于	※	△	△	△	△	△	△	△	※	※	△	△	
王	◎	※	◎	※	◎	※	◎	※	△	※	※	※	
方	△	◎	※	◎	△	◎	◎	△	※	△	※	△	
孔	◎	◎	△	△	◎	※	※	※	◎	△	△	◎	
毛	※	◎	△	△	※	◎	△	△	△	△	△	◎	
尹	※	◎	※	◎	※	◎	※	◎	◎	◎	◎	◎	
文	※	△	※	△	△	△	△	△	△	△	※	※	
仇	※	△	※	△	△	※	◎	◎	△	◎	△	△	
戈	△	※	◎	◎	※	※	◎	※	△	※	◎	△	
巴	※	◎	※	◎	※	◎	◎	◎	△	◎	※	※	
勾	※	◎	※	△	◎	◎	※	◎	◎	◎	※	※	
牛	◎	◎	※	△	※	◎	※	※	△	◎	※	◎	
尤	※	※	◎	◎	※	△	◎	※	△	※	◎	※	
田	◎	◎	※	◎	※	◎	△	△	△	◎	※	◎	
石	◎	※	△	◎	※	◎	△	△	◎	◎	※	△	
白	◎	△	△	△	△	※	※	※	△	△	△	◎	
史	△	△	※	△	※	※	◎	※	◎	◎	△	◎	
申	◎	△	※	※	◎	△	◎	△	◎	△	◎	※	

姓氏	鼠	牛	虎	兔	龍	蛇	馬	羊	猴	雞	狗	豬	對父母不好的部首用字
司	◎	△	※	◎	△	◎	△	△	◎	◎	※	△	
甘	※	※	※	◎	△	◎	△	△	△	◎	※	※	
平	※	◎	※	◎	◎	△	△	◎	△	◎	◎	※	
朱	※	※	△	◎	※	◎	※	※	△	△	△	△	龍羊
朴	△	△	△	△	△	◎	△	◎	※	※	△	△	
戎	※	△	△	◎	△	△	◎	△	※	△	△	※	
伍	※	△	※	△	※	※	△	△	◎	△	△	△	
安	◎	◎	※	◎	※	◎	◎	◎	◎	◎	◎	◎	
佘	※	※	△	◎	※	※	◎	※	◎	※	◎	△	
岑	△	※	◎	※	※	△	◎	※	※	△	◎	△	
車	※	◎	◎	※	※	◎	◎	◎	◎	※	◎	※	
呂	◎	※	△	◎	※	◎	△	※	◎	◎	※	◎	
任	※	※	※	◎	△	※	◎	◎	◎	△	△	◎	寅
江	△	◎	△	※	◎	◎	△	△	△	※	※	△	火土日
李	◎	◎	△	△	△	※	※	※	※	※	△	◎	金火日馬午
吳	◎	※	◎	△	△	△	◎	△	△	△	※	△	
何	※	※	※	◎	△	△	◎	△	◎	◎	△	◎	寅
宋	◎	※	△	△	※	◎	△	◎	※	※	◎	◎	金土
沈	◎	◎	◎	※	◎	◎	※	※	◎	※	※	◎	火土日
卓	※	△	△	◎	△	◎	◎	◎	△	△	※	※	
屈	△	△	△	△	△	△	△	△	△	△	△	△	
岳	△	※	◎	※	※	※	◎	△	△	※	◎	△	
房	◎	◎	※	◎	※	※	◎	◎	◎	◎	◎	◎	
余	△	※	※	◎	△	△	△	△	◎	※	◎	◎	
杜	△	△	△	◎	△	◎	△	◎	※	※	◎	◎	金水
汪	◎	△	◎	※	◎	△	※	※	△	※	※	△	火土日
邱	※	△	※	◎	△	△	◎	◎	△	◎	※	※	寅
邵	※	△	※	◎	△	△	◎	◎	△	◎	※	※	寅
周	△	△	△	△	△	△	◎	◎	△	◎	△	△	木寅
林	△	◎	△	◎	△	◎	△	◎	※	※	△	◎	金
金	◎	△	※	※	△	※	※	※	△	△	◎	◎	火
孟	◎	◎	△	※	△	※	※	※	△	△	△	◎	火日
易	※	※	△	△	※	◎	◎	◎	※	※	△	※	水
武	△	※	◎	◎	※	※	◎	※	△	※	△	△	

姓氏	鼠	牛	虎	兔	龍	蛇	馬	羊	猴	雞	狗	豬	對父母不好的部首用字
俞	※	△	※	△	※	※	◎	△	◎	◎	◎	◎	
宣	※	△	△	◎	△	◎	◎	◎	△	△	※	※	
施	△	△	△	△	△	△	△	△	△	△	△	△	
紀	△	△	※	△	◎	◎	◎	△	△	△	※	※	
胡	△	△	◎	△	※	◎	※	※	△	△	◎	△	
姜	※	※	※	◎	※	◎	◎	◎	△	※	※	◎	子龍犬水酉牛
姚	△	△	△	△	△	△	△	△	△	△	△	△	
郝	※	△	※	◎	△	◎	◎	◎	△	△	△	◎	
侯	※	※	※	◎	△	△	△	△	◎	△	△	※	寅
段	△	△	△	△	△	△	△	△	△	△	△	△	
翁	△	◎	△	※	◎	◎	※	※	△	◎	※	◎	
凌	◎	△	△	※	△	△	※	※	△	※	※	◎	
倪	※	△	※	△	△	※	※	△	◎	◎	△	◎	
秦	△	△	◎	◎	△	◎	◎	◎	※	※	△	△	
陳	△	◎	△	◎	△	△	△	◎	△	△	△	△	
徐	※	※	※	△	△	※	※	△	◎	◎	※	◎	寅
孫	◎	◎	△	△	△	※	※	※	◎	△	△	◎	火日
洪	◎	◎	◎	※	※	△	※	※	◎	※	※	◎	火土日
高	△	△	※	◎	△	△	◎	△	△	◎	※	△	寅
郭	※	◎	△	△	△	※	※	※	△	△	※	△	火日
馬	※	※	◎	△	※	◎	◎	◎	※	△	◎	※	水子龍牛
唐	△	△	◎	◎	※	◎	◎	△	◎	◎	※	◎	
袁	◎	※	△	△	△	◎	△	※	◎	△	◎	※	
夏	※	※	△	△	※	◎	◎	◎	※	※	◎	※	
陸	※	◎	※	◎	△	◎	◎	◎	△	◎	※	※	
康	◎	◎	◎	◎	◎	◎	※	※	◎	△	※	△	
秦	△	△	※	◎	※	△	◎	◎	△	◎	※	◎	
張	※	◎	※	◎	※	△	◎	◎	△	◎	※	※	
范	△	◎	△	△	△	△	△	△	△	△	※	△	
祝	◎	※	◎	△	△	◎	◎	※	◎	※	◎	※	
梅	△	△	◎	◎	△	△	◎	◎	※	※	△	◎	
涂	◎	◎	◎	※	◎	※	※	※	◎	※	※	◎	
黃	◎	◎	※	◎	※	△	△	◎	◎	◎	※	◎	

姓氏	鼠	牛	虎	兔	龍	蛇	馬	羊	猴	雞	狗	豬	對父母不好的部首用字
梁	△	△	◎	※	△	◎	△	△	△	※	※	◎	火土日
曹	△	※	◎	◎	※	△	◎	△	※	※	※	※	水
許	△	※	△	※	※	◎	※	△	◎	△	△	※	子水
崔	※	△	△	※	※	△	△	※	※	△	◎	△	
常	△	※	◎	◎	△	◎	◎	※	◎	△	◎	※	
馮	※	※	◎	△	※	◎	◎	◎	◎	※	◎	※	子水
董	△	◎	△	◎	※	△	◎	◎	◎	◎	※	◎	
程	△	◎	△	◎	※	△	◎	△	◎	◎	※	◎	
傅	◎	※	※	◎	△	※	△	△	◎	◎	◎	◎	寅
曾	※	※	◎	◎	※	◎	◎	◎	※	※	△	※	水
單	◎	△	※	◎	※	◎	△	△	◎	◎	※	◎	
祁	△	△	△	△	◎	◎	◎	△	△	△	※	※	
郜	△	◎	※	◎	△	◎	◎	◎	△	◎	※	△	
盛	△	※	◎	◎	※	△	◎	※	△	※	◎	△	
項	△	※	※	※	◎	◎	△	※	◎	◎	※	※	
莫	△	△	◎	△	△	△	◎	△	※	△	※	△	
莊	△	◎	△	◎	※	△	◎	◎	△	◎	※	◎	
彭	△	※	◎	◎	◎	◎	◎	※	◎	※	◎	※	
葉	△	△	△	△	△	◎	△	◎	※	※	※	◎	金
詹	◎	※	※	※	◎	△	△	※	◎	◎	※	※	
楚	△	△	◎	◎	△	◎	△	△	◎	△	△	△	
連	※	◎	△	※	△	◎	◎	◎	△	△	※	※	
管	◎	△	△	△	※	◎	△	△	△	◎	△	△	
鄒	※	◎	※	◎	△	△	◎	◎	△	◎	※	※	
郭	△	◎	※	△	◎	△	△	△	△	◎	※	△	
歐	△	※	※	※	※	△	△	△	◎	◎	△	◎	
萬	△	◎	△	◎	△	△	◎	◎	△	◎	※	◎	
湯	△	△	△	※	△	※	※	※	△	※	※	△	火日土
喬	△	※	△	◎	※	◎	△	△	△	◎	※	△	
賀	◎	※	△	△	△	△	※	※	◎	△	※	△	
楊	※	※	◎	◎	※	◎	△	◎	※	※	◎	※	
賈	◎	※	※	※	◎	◎	※	※	◎	◎	※	△	
雷	◎	◎	△	※	△	△	※	※	△	※	※	◎	火土日

姓氏	鼠	牛	虎	兔	龍	蛇	馬	羊	猴	雞	狗	豬	對父母不好的部首用字
趙	△	△	◎	△	※	◎	△	△	△	△	◎	△	
鄭	※	◎	※	△	◎	△	※	※	△	◎	※	※	犬水火土日
鄧	※	◎	※	◎	◎	△	◎	◎	△	◎	※	※	
蔣	△	◎	△	△	※	△	◎	◎	△	◎	※	◎	
蔡	△	※	△	△	△	△	◎	※	△	※	※	※	
廖	△	△	◎	※	◎	◎	△	※	◎	◎	※	△	
熊	※	※	△	△	※	△	△	△	※	※	△	※	水
劉	△	△	△	△	※	※	※	※	△	※	△	△	火日
潘	◎	◎	△	※	△	◎	※	※	◎	※	※	◎	火土日
範	※	◎	◎	※	※	◎	◎	◎	◎	※	◎	※	
黎	△	◎	△	△	△	△	◎	◎	△	△	△	◎	
蕭	◎	◎	※	◎	※	△	△	◎	※	◎	※	◎	
盧	△	△	◎	△	※	※	◎	※	※	△	◎	△	巳
薛	△	△	※	△	※	△	◎	◎	◎	◎	※	◎	
閻	△	△	※	△	※	※	△	△	△	△	△	△	
龍	◎	※	※	※	◎	△	※	※	◎	◎	※	※	馬午
錢	◎	◎	△	△	△	※	※	※	△	※	△	△	火日
賴	◎	※	※	※	◎	△	※	※	◎	◎	※	※	
陸	△	◎	※	◎	△	◎	◎	◎	△	◎	※	※	
陽	※	△	※	◎	△	◎	◎	◎	△	△	※	※	
謝	◎	※	※	※	◎	◎	※	※	◎	◎	※	△	
韓	△	△	※	◎	△	△	◎	△	△	◎	※	※	
魏	△	◎	※	◎	※	※	◎	◎	△	◎	△	◎	
戴	△	◎	◎	◎	※	※	◎	※	△	△	△	△	龍羊牛
羅	△	◎	◎	※	◎	◎	※	※	△	◎	△	◎	
蘇	△	◎	※	◎	※	※	◎	◎	△	◎	△	◎	水
譚	◎	△	※	※	◎	◎	※	※	◎	◎	※	△	
鍾	△	◎	※	※	△	※	※	※	△	△	◎	△	火日
顧	◎	※	※	※	◎	△	※	※	◎	◎	※	※	
龔	◎	※	※	※	◎	△	※	※	◎	◎	※	※	羊犬牛
褚	△	※	◎	◎	※	◎	◎	※	◎	※	◎	※	水

生肖的用字選擇

每一個生肖在命名的時候，都會有比較適合的部首用字，在這裡筆者將統計出來的部首，按十二生肖分別列出，讓各位父母在用字的時候，有所參考。

命名達人提醒

適合十二生肖部首字形表

鼠：宀、厶、夕、子、廾、囗、口、大、水、氵、木、月、牛、丑、王、田、申、禾、示、糸、辰、豕、金。

牛：力、厶、几、工、士、子、小、巳、宀、廾、水、少、牛、丑、禾、田、羽、臣、車、辶、走、豆、豕、酉、門、金、鳥。

虎：山、彡、水、氵、心、忄、木、午、王、月、火、糸、戌、艮、林、雨、南。

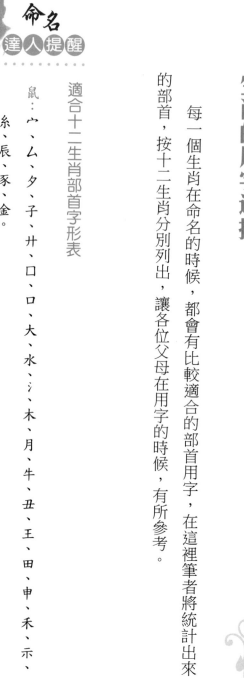

兔：巾、宀、口、囗、木、犬、田、示、禾、未、亥、糸、衣。
龍：大、子、水、氵、王、示、令、申、貝、君、雨、言、主、馬。
蛇：几、口、小、木、火、心、牛、丑、未、午、糸、羊、臣、車、辰、言、虫、馬、酉、
鳥、。
馬：亻、人、巳、火、木、王、禾、未、艸、戌、寅、辰、糸、衣、羊、走、辶、豆、虎。
羊：小、土、己、午、火、木、卯、夂、禾、艸、足、米、豕、走、辶、馬。
猴：人、亻、冖、子、小、巾、彡、口、宀、土、水、氵、糸、衣、言、辰、果、馬。
雞：丨、冖、宀、小、山、土、巳、丑、禾、豆、夂、弓、牛、牛、立、田、采、糸、走、辶。
狗：亻、人、彡、土、小、宀、火、灬、月、午、心、忄、申、糸、衣、馬、寅。
豬：子、宀、小、夕、囗、水、月、卯、未、木、氵、丑、田、禾、米、西、豆、酉、臣、
門、金。

增進孩子健康的命名建議

雖然坊間的姓名學老師，對於生肖用字（請參考附錄〈十二生肖命名用字大公開〉）有很大的歧見，有的認為根本沒意義，只要筆劃取吉祥數字，再搭配八字的特性就可以；有的堅持只要配合生肖，取對符合生肖用字即可，其他的法則，都不必去管。其實根據筆者的統計，配合個人本身生肖，選用的用字，對於人的健康以及運勢，有很大的關連作用，再加上先天八字所需要的喜忌用神搭配，會更加圓滿，否則只選用生肖的喜忌用字，很容易造成過與不及的現象。

名字取用字體時，要符合個人的生肖，用對了字，無論是事業婚姻，子女財庫，都會比較順利、平安、和諧、圓滿、積極、勇敢、好命、有口福、人緣好、幸運，除非有不正常的生活習慣，或者居家陽宅出問題，否則個人的身體健康程度，也會比用錯字的人強上許多。

名字取錯字體時，無論是事業婚姻，子女財庫，容易多波折、對立、壓迫、懦弱、暴躁、內心封閉冷漠、多變、孤獨、懶散、衝突，就算有正常的生活習慣，個人的身體健康度，也會比用對字的人，弱了許多。

姓氏的部分，是屬於頭部疾病，如果姓氏和生肖有對沖的情形發生，比較容易發生頭疼、腦血管疾病，頭部也比較容易受傷、撞傷，若有刑、破（**編按：破是破壞、迫害的意思**）的對應，比較容易頭暈或偏頭痛，而且和父母的緣分也比較薄。碰到這一種情況，只要名字取得好，在疾病部分可以改善一半以上，而父母的互動則有八成以上的改變，不會再是緣分薄，不好溝通，相處時間少等不好的情形。在名一的部分，用到對沖的字，胸部及腹部疾病多，大都屬於「痛」的症狀，而且婚姻及事業容易受到對撞的傷害。

用到刑、破的字，胸部及腹部的疾病多半屬於悶、脹類，時常感覺不舒暢。在名二的地方，用到對沖的字，腰部以下疾病多，而且容易受傷——腰容易扭到、撞傷，脊椎部分也要注意，一旦有問題，連帶會影響到頸椎的活動，膝蓋及腳也容易扭到。用到刑、破的字，腰容易酸或繃緊不舒暢，易有尿酸、血液循環不良的症狀。

名有沖、刑、剋用字者難受孕

許多想懷孕未如願的婦女，有很高的比例，在名一字體的左半或下半，以及名二字體的右半或上半，對於本身的生肖屬性，有沖、刑、剋的現象發生，雖然檢查身體的生育機能正常，就是不能如願，而且人工受孕成功率也比較低。當所有方式都是過無效，不妨更改名字，找個適合本身生肖的字，可以幫助改善身體的性質，讓生男育女不再是困難的事情。

由流年運勢算出孩子的叛逆期

只要有名字，就可以知道孩子往後的叛逆期，不必看八字，完全可由姓名掌控。每一個新生孩子的姓名，會產生屬於自己的流年運勢，而這個流年運勢就如同太極一樣，每十年會完成一個循環。每一次的循環，都會有逐漸往上、往好發展的運勢，或逐漸往下往壞發展的運勢走向。

孩子往上發展在順境運勢強時，產生叛逆的機率比較小，如果有也比較好溝通，而且遇到好老師的機率比較高，甚至有貴人出現，可幫孩子度過難關，同時也會加強原本就不錯的運勢。

如果是在逆境不順利的階段，就容易因為周遭環境影響，造成不順遂而引起的叛逆。所以，**只要能掌握孩子個人姓名的流年運勢，善加運用，就能化解不少親子之間不必要的衝突**。而且也可以事先幫孩子作好心理調適，把傷害降到最低。

已經有小孩的父母，不妨仔細回想一下，有的孩子小學成績不錯，碰到的老師也都很好，但升上國中以後，不是對教法不適應，就是考運不太好，差一點就能考上比較好的學校。也有的孩子小學的時候，成績不怎麼樣，可是像倒吃甘蔗一樣，越來越好一路往上竄。

這是因為有的孩子在小學的時侯，走的是姓名流年的上升旺位，而有的是下降衰位。走旺位時，自然一切都比較順，不論是老師的教法可以接受，或是周遭環境中的同學以及考運，都處於一種相對強勢的局面。

而有的孩子在小學的時候，如果是處在衰位，自然因為運勢是在相對弱勢的地方，對於老師的適應和環境的變化，都會比較無法如意。而孩子叛逆期的產生，許多就是對環境不適應，因而情緒煩躁，回家後父母又沒有疏導了解，慢慢小事就變大事，也會讓父母感到頭痛。而叛逆期出現後，如果沒有好好疏導處理，就算姓名的流年運勢轉到旺位，要竄升到很高的位置就會比較困難。

春天播種、夏季耕耘除草、秋天收成、而冬天休息，每一個關節都環環相扣，不對的季節做不對的事，就不能怨嘆時運不濟了。**十年的流年運勢名稱分別為胎、養、生、冠、官、帝、衰、病、死、絕，由胎起運，往上走到帝運為最高峰，再由帝往下走到絕，形成一個十年運的起落。**

當孩子在衰、病、死、絕的姓名流年運勢時，外在環境的局面是對孩子不利的，孩子也容易在這段時期躁動，或是身體健康度相對比較弱的時候，容易有叛逆的心態。相對的在養、生、冠、官的姓名流年位置時，就比較不會有叛逆的心態出現，而胎和帝的位置，是轉折點，也是孩子心情起伏比較大的年度。

影響孩子叛逆的機率是姓名流年，而影響孩子叛逆的深度有下列幾項：

一、姓名格局的影響：有偏官七殺格局的孩子，叛逆機率更高，傷官的孩子更容易管不住，無官的孩子要看周遭朋友好不好。

二、五格中的五行是否有偏頗，如果太集中其中一種的話，也會提高叛逆指數。

三、姓氏和生肖的相配指數高低，高的叛逆指數低，低的就叛逆指數高；

四、當年度的生肖和孩子本身的生肖相配度，如果是太歲年、對沖年、刑剋年，旺位減分衰位加重，三合年或六合年的話，旺位更旺衰位減輕。

不管深度如何加減，流年的走向是不會變的，只要父母掌握住叛逆流年的走向，了解孩子的心境起伏，親子溝通將不是難事。另外母親的姓名流年運勢，也會影響到生男孩子和生女孩子的機率喔！所以學會算姓名流年運勢是一件很重要的事。

想要知道孩子的姓名所帶來的流年運勢走到哪裡了嗎？只要將姓名每個字的筆劃全部加起來，以總筆劃的個位數對照自己孩子年齡（虛歲）的尾數，就可以從姓名中窺知流年運勢了。

在命理領域中的姓名學，姓名筆劃的算法乃遵循古法，尤其需要注意的是，部首筆劃數以康熙字典的筆劃為主，例如：「黃」為十二劃，「邱」為十二劃，「陳」為十六劃，草字頭部首一律為六劃等等，例如，黃羽萍（12＋6＋14）的總筆劃數為32劃，筆劃尾數是2，二〇〇六年年齡虛歲假設為13歲，則尾數為3，對照下表落在「帝99分」的位置。

	總筆劃尾數為1	總筆劃尾數為2	總筆劃尾數為3	總筆劃尾數為4	總筆劃尾數為5	總筆劃尾數為6	總筆劃尾數為7	總筆劃尾數為8	總筆劃尾數為9	總筆劃尾數為0
年齡虛歲尾數為1	官運90分	冠運80分	生運70分	養運60分	胎運50分	絕運10分	死運20分	病運30分	衰運40分	帝運99分
年齡虛歲尾數為2	帝運99分	官運90分	冠運80分	生運70分	養運60分	胎運50分	絕運10分	死運20分	病運30分	衰運40分
年齡虛歲尾數為3	衰運40分	帝運99分	官運90分	冠運80分	生運70分	養運60分	胎運50分	絕運10分	死運20分	病運30分
年齡虛歲尾數為4	病運30分	衰運40分	帝運99分	官運90分	冠運80分	生運70分	養運60分	胎運50分	絕運10分	死運20分
年齡虛歲尾數為5	死運20分	病運30分	衰運40分	帝運99分	官運90分	冠運80分	生運70分	養運60分	胎運50分	絕運10分
年齡虛歲尾數為6	絕運10分	死運20分	病運30分	衰運40分	帝運99分	官運90分	冠運80分	生運70分	養運60分	胎運50分
年齡虛歲尾數為7	胎運50分	絕運10分	死運20分	病運30分	衰運40分	帝運99分	官運90分	冠運80分	生運70分	養運60分
年齡虛歲尾數為8	養運60分	胎運50分	絕運10分	死運20分	病運30分	衰運40分	帝運99分	官運90分	冠運80分	生運70分
年齡虛歲尾數為9	生運70分	養運60分	胎運50分	絕運10分	死運20分	病運30分	衰運40分	帝運99分	官運90分	冠運80分
年齡虛歲尾數為0	冠運80分	生運70分	養運60分	胎運50分	絕運10分	死運20分	病運30分	衰運40分	帝運99分	官運90分

◎姓名流年的叛逆指數

姓名流年叛逆指數	姓名格局中有偏官	姓名格局中有傷官	姓名格局中有正官	姓名格局中沒有官	姓氏生肖組合吉的	姓和生肖組合平的	姓氏生肖組合凶的	當年生肖是太歲年	當年生肖是三合年
胎-4-1	2倍	-3	+5	未定	+1	-1-0	-1-3	-3	+3
養1	2倍	-3	+5	未定	+1	-1-0	-1-3	-3	+3
生2	2倍	-3	+5	未定	+1	-1-0	-1-3	-3	+3
冠3	2倍	-3	+5	未定	+1	-1-0	-1-3	-3	+3
官4	2倍	-3	+5	未定	+1	-1-0	-1-3	-3	+3
帝-1-5	2倍	-3	+5	未定	+1	-1-0	-1-3	-3	+3
衰-2	2倍	-3	+5	未定	+1	-1-0	-1-3	-3	+3
病-3	2倍	-3	+5	未定	+1	-1-0	-1-3	-3	+3
死-4	2倍	-3	+5	未定	+1	-1-0	-1-3	-3	+3
絕-5	2倍	-3	+5	未定	+1	-1-0	-1-3	-3	+3

流年運勢——「胎」的整體運勢

流年分數50分：這一年的運勢如同一個嬰兒胚胎剛形成一樣，還不是很穩定，心情的起伏也不平靜，處在這階段的孩子，須要經過精心的培養蘊釀，不斷地吸收消化各方面的訊息及資訊。

0-7歲的孩童	父母會覺得從這一年開始，孩子會越來越好帶，不論是孩子身體的健康度往好的方向走，連學習能力也會大為提昇。這時候幼稚園的選擇很重要，尤其是明後年要上小學的孩子，建議選擇比較注重生活教育的幼稚園，一般而言公立幼稚園比較注重生活方面的教育，私立幼稚園比較著重智育方面的開發。
8-13歲的小朋友	只要加強各種學習的基礎，接下來的下半年，就會逐漸往上，但是往上的高度有多高，就要看這一、兩年或前幾年學習比較不順的時候，基礎觀念好不好，可以的話最好培養數學方面的興趣，畢竟數學能力的好壞，也會影響到往後的理化能力，但最好是用引導方式，以避孩子反彈，反而成了反效果。
14歲以上的大孩子	在這個階段，只要以往的基礎不錯在中等左右，那麼倒吃甘蔗的效果就會出現，會有漸入佳境的感覺。筆者所說的基礎不錯，指的是各種學業、道德觀念都有良好的心態，不見得成績是最好，但是最基本的概念都懂，也不見得小學時代就要上安親班和各種補習班。

流年運勢——「養」的整體運勢

流年分數60分：這一年的運勢就如同一個小孩剛生下來，處在被撫養的階段。

0-7歲的孩童	從去年下半年開始，各方面都會有很好的學習能力，家長如果沒有注意到，那麼從今年開始，就要好好的注意感覺統合方面的訓練，尤其是空間的概念，影響到往後數學的學習能力。同時多和孩子玩遊戲，無論是立體的積木。或是平面的圖形組合，都會增進孩子的腦力發展。
8-13歲的小朋友	在小學的階段，鼓勵孩子多擴展人際關係，任何一個同學的相處，都會在往後的學習日子裡，帶來無比的助力。另外，學習方面也會比較順利，有好的引導方法，孩子成績大躍進不是奇蹟。當然父母本身也別忘了自我進修的機會，在這一階段產生叛逆的機率比較低，所以只要父母運用分析歸納的方法，引導孩子走向正確的方向不是難事。
14歲以上的大孩子	處在這階段的孩子，多少會有自己的想法和計劃，父母要幫孩子分析好壞，不可以讓孩子想到什麼就去做，要讓小孩不斷的吸收各方面的訊息，虛心接納各方意見。

流年運勢——「生」的整體運勢

流年分數70分：這一年的運勢就如同一位已受完大學教育的人，即將踏入社會的階段。處在這階段的孩子，只要前幾年的各種基礎有打好，這一年不管是否要換階段學習，都會很順暢。例如，幼稚園要換小學，小學要上國中，國中要換高中的考試。

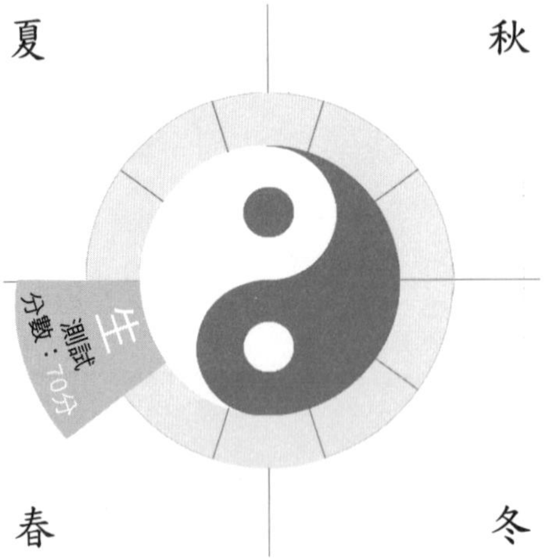

編按：太歲年是指本身的生肖年，如鼠年的太歲年就是鼠年；3對沖年是指本身生肖相對應的生肖年

0-7歲的孩童	父母可以用比較積極的態度，讓自己可愛的孩子學習開發智力的課程，通常這個時候換環境，碰到好的老師好的環境的機率很高，如果只是原環境的延伸，孩子開始受人注目的機會，也會開始出現。
8-13歲的小朋友	可以嘗試主動參加各種學術比賽，訓練膽量，這一年得到照顧的機會，也最多最廣。至於孩子的學習成績，只要不是粗心大意，基本上會比孩子自己前兩年的成績好，而且在理解力方面也會比前兩年大大增加。
14歲以上的大孩子	除非孩子碰到太歲年或是對沖年，否則因為環境所帶來的叛逆機會不大，只要稍微注意一下即可。時代在演變，為人父母不能用高壓的方式去教育小孩，否則孩子或許現在還小不會反抗，等到長大後和父母緣薄的機會就會出現。

四、流年運勢——「冠」的整體運勢

流年分數80分：處在這階段的孩子，這一年的運勢相當不錯，畢竟這個階段已經是運勢成熟期了，不管過去幾年有沒有打好基礎，都會在今年開始決定這一波的高度。有打好底的孩子，所缺乏的是個人的自信心是否足夠，父母在旁輔助的也就是自信心的建立而已。

0-7歲的孩童	父母可以用比較積極的態度，在不喊累及經濟情況容許下，讓自己可愛的孩子，可以學習開發智力方面的課程。
8-13歲的小朋友	小學階段的孩子，要培養自信心。各種學術的挑戰機會都要鼓勵孩子踴躍參加，例如語文競賽，只要孩子的自信心建立起來，往後的兩年還會往更高的方向走。
14歲以上的大孩子	國中以上的小孩考運不錯，也是以建立自信心為主。在這一年除非孩子碰到太歲年或是對沖年，否則小孩因為環境所帶來的叛逆機會不大，只要稍微注意一下即可。用引誘導的方式去面對小孩，讓小孩的自信心成長，那麼孩子和父母像朋友一樣相處的機率就很高。

流年運勢——「官」的整體運勢

流年分數90分：處在這階段的孩子，運勢非常的旺，就好像古代考上狀元，一舉成名天下知，所有的努力終於有了成績，尤其是國、高中的孩子考運不錯，常會有意外的驚喜出現。

0-7歲的孩童	這個時候的學習慾望最強，吸收能力也最好，父母可在經濟容許下，多讓孩子學習不同領域的知識，會讓孩子在未來的階段裡成為領先者。
8-13歲的小朋友	小學階段的孩子，成績不用父母操心，有一定的水準，反而要注意的是同學之間的人際關係，容易因為遭嫉妒而被排擠。
14歲以上的大孩子	除非小孩碰到太歲年或是對沖年，讓心理煩躁，或是因人際關係帶來的煩惱，否則有叛逆期的機會不大，只要稍微注意一下即可。另外注意孩子的好勝心是否過於強烈，太過強烈的好勝心，容易引起孩子的精神壓力，反而因得失心過重而形成患得患失的現象。全力衝刺是好事，但是父母要記得適當的奔孩子踩煞車，以及衝刺過頭反而意志消沉。

流年運勢——「帝」的整體運勢

流年分數99分：處在這階段的孩子，如果剛好要換新環境，是最讓孩子情緒起伏不定的一年。尤其是幼稚園換小學、小學換國中的時候，因為上半年的運勢還在很高的位置，但到了下半年，這一波的氣勢就逐漸要開始往下了，所以孩子的適應環境的能力會變得比較弱，尤其是換一個全新的環境，會引起孩子強烈的不安感，如何穩定孩子對新環境、新人物的恐懼，是父母的首要課題。

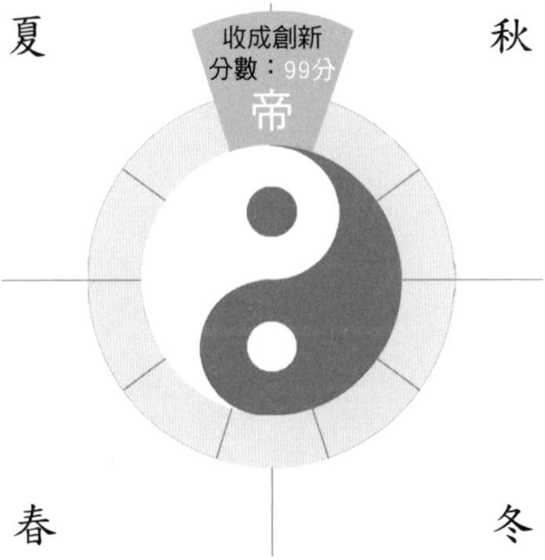

0-7歲的孩童	除非必要，否則不要擅自改變孩子的學習場所，容易造成往後沒有安全感的個性，總之在這一年度裡，孩子的心理化學變化，做父母的要隨時了解，否則起伏不定的情緒，一旦讓父母視為無理取鬧，那麼叛逆期產生的機率就會很大，而且一旦產生叛逆期，時間最少長達4到5年之久，做父母的不可不慎。
8-13歲的小朋友	小學階段的孩子，一旦討厭上學，後遺症相當大，往後需要花費數倍心力，所以要特別注意孩子在校的人際關係。
14歲以上的大孩子	從今年起父母的放在小孩身上的心思和時間，要開始多一些才好，以往乖巧的小孩，從今年起容易心情煩躁，變得怪裡怪氣，不是很好溝通。

流年運勢——「衰」的整體運勢

流年分數40分：處在這階段的孩子，這年度，要注意心理的情緒，不要讓孩子做出超越能力範圍的學習，否則容易因為容易受挫，而產生厭倦的心態。

0-7歲的孩童	在學習方面最好一樣一樣慢慢增加，不要操之過急。基本上先以生活習慣為先，再來選擇以遊戲帶動學習的方式，增進學習力。
8-13歲的小朋友	小學低年級階段的孩子，如果學習比較有挫折感，盡量用鼓勵的方式代替壓迫。今年開始孩子容易有叛逆期主因在於學習受挫，使得自信心受打擊，心情起伏不定、轉而向父母出氣，一旦父母沒有注意或不在意，而認為孩子故意和父母作對，那麼以後孩子就會更與父母對立了。
14歲以上的大孩子	從今年開始小孩隨時容易產生叛逆期，現代父母要學會如何疏導小孩的情緒，否則想要有良好的親子關係，是一件困難的事情。另外要調整小孩的作息，千萬不可熬夜，反而成績容易下滑，最好是先睡覺，早上早一點起床再溫習，效果會比較好。

流年運勢——「病」的整體運勢

流年分數30分：處在這階段的孩子容易感到煩躁不安以及精神倦怠，這一年的身體健康度，也會是最差的一年，平均起來這一年生病的機率，會是其他流年的二至三倍，孩子也容易因身體的病痛，產生叛逆的行為，心理上也比較不能接受規勸的言語，常會覺得是別人看不起自己，對於開玩笑的話會很在意，自信心比較薄弱。

0-7歲的孩童	不必急著讓孩子學習各種知識，畢竟有可能「大隻雞慢啼」，父母太心急反而會有反效果，只要一步一步慢慢來，有可能是愛迪生第二。
8-13歲的小朋友	小學階段的孩子，不要對成績太苛求，只要注意不懂的地方，教到會就好，要有耐心，這個階段的學習領悟力比較弱，不宜太急躁讓孩子更加心生氣餒。
14歲以上的大孩子	幫小孩打打氣，在考運方面的運勢比較差，但只要放鬆心情，作息正常不熬夜，反而會有好成績。父母要主動幫小孩減輕學習的壓力，更容易有良好的效果。

流年運勢——「死」的整體運勢

流年分數20分：處在這階段的孩子，叛逆指數高。如果前兩、三年，父母都未能有適當的處理及判斷的話，這一年將會是父母最慌亂的一年。在這一年孩子一意孤行亂下決定的機率很大，父母的話聽在耳裡，彷彿是尖銳的金屬聲，一刻也不想聽。

0-7歲的孩童	什麼事都會拒絕去學習，如果前兩年就已有注意孩子狀況的話，那麼今年孩子頂多只是提不起勁，凡事意興闌珊而已，不至於有前述嚴重的發生。
8-13歲的小朋友	小學階段的孩子，會變得不愛上學，而且容易有說謊的行為出現，一旦嚴重時，父母最好要考慮找尋外界的支援，例如心理醫師的輔導、學校老師的輔助，千萬不要因為慌亂而亂下決定，反而更加深彼此的對立與傷害。
14歲以上的大孩子	至於國、高中的小孩，要注意對異性的好奇，不必限制小孩的交往，但需要溝通正確的交往觀念，以及對異性的尊重，還有未來的規劃等，比起一味的限制，要來的好。

流年運勢——「絕」的整體運勢

流年分數10分：處在這階段的孩子，如果會叛逆，也是到了叛逆期的尾聲了。

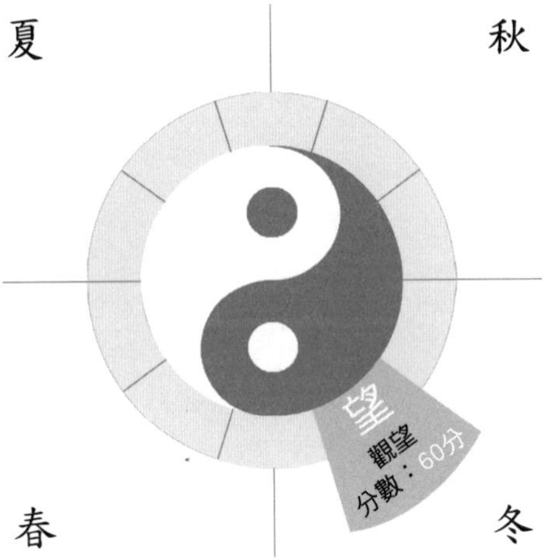

0-7歲的孩童	這個時候的學習，最好先以生活倫理為優先，不要往文理方面走。可以的話，多到圖書館，感受如何在團體中守秩序。讓孩子多觀察別人的舉動，再引導他分辨是非，同時也可以養成閱讀的好習慣。一個喜歡看書的孩子，在往後的人生，不太容易往不好的路上走。
8-13歲的小朋友	小學階段的孩子，只要課業不是在中下的程度，只需複習不會的地方即可，主要是建立學習的慾望，讓他不要對學習失去興趣、沒有耐心即可。而且要建立孩子誠實的心態，不可以有説謊的行為。
14歲以上的大孩子	至於國、高中的小孩，要讓他暢所欲言，再幫小孩分析利弊得失，把小孩當作朋友，會有更好的成效，只要今年孩子的心理情緒，能夠控制得宜，到了明年就會更好溝通，而孩子的運勢也將他開始另一波高度，至於高度有多高，就看父母這一年的危機處理好不好。

命名筆記

孩子命名

格局篇

搞懂決定名字是好是壞的格局與對應官位，
家長就能替孩子找到最四平八穩名字格局，
了解十用神的涵義，取個更圓滿的好名字。
專為命名新手設計，安全性格局無私公開，
還列舉有助爸媽運勢、易躁鬱憂鬱等格局，
讓家長掌握孩子個性，也能提升自己運勢。

決定姓名好壞的格局

姓名的格局，是由姓名中五格裡的五行生剋決定。廣義說，就是人的後天八字，這後天八字怎麼排呢？就是以人格為主，由人格對應天、地、外、總，排出六神出來，口訣為：「**生我者正印偏印，我生者為傷官食神，剋我者為正官七殺（偏官），我剋者為正財偏財，比和者為比肩劫財。**」（**請參考表1及表2**）

例如，黃羽萍，天格13，人格18，地格20，外格15，總格是32，那麼人格尾數數字就是8。人格和天格比就是 8：3（**正**

（表1）各格尾數數字對應表

	甲1	乙2	丙3	丁4	戊5	己6	庚7	辛8	壬9	癸0
甲1	比肩	劫財	食神	傷官	偏財	正財	七殺	正官	偏印	正印
乙2	劫財	比肩	傷官	食神	正財	偏財	正官	七殺	正印	偏印
丙3	偏印	正印	比肩	劫財	食神	傷官	偏財	正財	七殺	正官
丁4	正印	偏印	劫財	比肩	傷官	食神	正財	偏財	正官	七殺
戊5	七殺	正官	偏印	正印	比肩	劫財	食神	傷官	偏財	正財
己6	正官	七殺	正印	偏印	劫財	比肩	傷官	食神	正財	偏財
庚7	偏財	正財	七殺	正官	偏印	正印	比肩	劫財	食神	傷官
辛8	正財	偏財	正官	七殺	正印	偏印	劫財	比肩	傷官	食神
壬9	食神	傷官	偏財	正財	七殺	正官	偏印	正印	比肩	劫財
癸0	傷官	食神	正財	偏財	正官	七殺	正印	偏印	劫財	比肩

官）；人格和地格比就是8：0（食神）；人格和外格比就是8：5（正印）；人格和總格比就是8：2（偏財）。

格局中的「六神」，又稱「十用神」，（比肩、劫財、食神、傷官、偏財、正財、七殺、正官、偏印、正印，統稱為六神）就是姓名的地基，只要地基好，運勢就比別人好，尤其在爭論數字吉凶的人，可以透過筆者的公式，就知道任何數字都吉利，任何數字也都不吉利的原因。父母可以用所附的程式，輸入李登輝、宋楚瑜、李遠哲等人的姓名，會發現格局都不錯，這些人的共同點都是34劃，是俗稱的大凶數，會「災難不絕、

（表2）一切以人格「尾數的數字」為基準

當1:1、2:2、3:3、4:4、5:5、6:6、7:7、8:8、9:9、0:0時為「比肩」（同屬性之比和）
當1:2、2:1、3:4、4:3、5:6、6:5、7:8、8:7、9:0、0:9時為「劫財」（異屬性之比和）
當1:3、2:4、3:5、4:6、5:7、6:8、7:9、8:0、9:1、0:2時為「食神」（同屬性之我生）
當1:4、2:3、3:6、4:5、5:8、6:7、7:0、8:9、9:2、0:1時為「傷官」（異屬性之我生）
當1:5、2:6、3:7、4:8、5:9、6:0、7:1、8:2、9:3、0:4時為「偏財」（同屬性之我剋）
當1:6、2:5、3:8、4:7、5:0、6:9、7:2、8:1、9:4、0:3時為「正財」（異屬性之我剋）
當1:7、2:8、3:9、4:0、5:1、6:2、7:3、8:4、9:5、0:6時為「七殺」（同屬性之剋我）
當1:8、2:7、3:0、4:9、5:2、6:1、7:4、8:3、9:6、0:5時為「正官」（異屬性之剋我）
當1:9、2:0、3:1、4:2、5:3、6:4、7:5、8:6、9:7、0:8時為「偏印」（同屬性之生我）
當1:0、2:9、3:2、4:1、5:4、6:3、7:6、8:5、9:8、0:7時為「正印」（異屬性之生我）

難望成功」，所以非改不可；甚至有些老師還說就算本身沒有大凶，也會失去重要的東西，例如，李登輝就因此喪子。

其實，依筆者的姓名學來看，是李憲文的名字出了問題：他的生日是三十九年九月三日，屬虎，「文」這個字對屬虎的人來說，是很不吉利的字，容易造成血液循環、免疫系統或脊髓方面的疾病，而癌症就是屬於免疫系統及血液循環（**是以中醫的觀點來看**）方面的疾病。再來看流年運勢：三十歲時走病運（**筆者所使用的是虛歲**）、三十一歲走死運、三十二歲走絕運（**民國七十年李憲文因患鼻咽癌住院**）、三十三歲走胎運（**民國七十一年上半年，李憲文去世，也算是一種重新開始**）。雖然他的格局很好，可惜用字錯誤，這就像一個房子的地基很好，但裝潢錯誤，無形中就會將房子的地基一點一滴破壞掉，造成無法彌補的事故。此外，李憲文的「文」只有4劃，而憲有16劃，也是姓名學的忌諱之一（**名二筆劃數的兩倍數不得少於名一**）。

姓名學十用神（六神）基本概念

陰陽五行熟練之後，十用神（六神）的基本概念，就可以很快看懂，對於想要取名、改名的人，只要了解十用神的特性，以及每個宮位的作用，就可以架構姓名的地基，只要再配合好生肖用字，就能取出或改出運勢不錯的名字。

筆者稱姓名的「四柱」，也就是姓名本身的八字（並非人先天的生辰八字），是以人格作為基礎，分別和天格、地格、外格、總格對應格數筆劃所產生的陰陽五行，再由陰陽五行相生相剋對應產生的十用神，架構名字的基石特性出來，而這些基石特性落在不同的宮位，還會有額外的特性出現。

總之，姓名四柱是姓名極重要的一環，決定一個人一生的各種運勢，要小心立柱才是。一旦立對了，比一般人事半功倍，輕鬆自在；立錯了，比一般人事倍功半，雖然努力以赴，效果卻有限。

四柱的宮位

以人格對應天格產生的宮位，稱為父母宮。舉凡父母的運勢，和父母的互動相處，都由父母宮裡的十用神來決定，父母如果取錯小孩的名字，或是小孩成年後自行改錯名字，不僅會影響到父母本身的運勢，也會影響自己的健康。因此，剋死父母親，或讓父母親運勢低落不順，不是小孩子的八字出問題，而是取名或改名出問題，但嬰兒自己又不會取名字，所以是父母自己造成自己運勢低落，隨便怪罪子女的八字，反而會影響彼此的親子關係，製造出許多不好的事端，千萬不能只憑一派的說法，隨意來取名或改名。

以人格對應地格所產生的宮位，稱為夫妻宮。和異性相處的運勢，不論是婚姻的美滿，或是職場的異性緣，只要和異性互動有關的，都由夫妻宮裡的十用神來決定，看是貴人很多，互動良好，還是小人不少，是非不斷。就連是犧牲奉獻，還是養尊處優；以及交往過程是否順利，都有影響。

以人格對應外格所產生的宮位，稱為僕役（朋友）宮。所有和同性相處的運勢，不論是哥兒們、手帕交，或是職場的同性人緣，都是看此宮的影響。總之，你會交到知心良友或酒肉朋友，都會由這個宮位裡的十用神來決定，在這個宮位產生影響。

以人格對應總格所產生的宮位，稱為本命宮。這個宮位是影響個人一生運勢的一個重要宮位，代表的是個人本身，無論是脾氣、個性、作為，一半以上都由這個宮位裡的十用神來決定，不管是得心應手，還是坎坷不斷；是要一路往上發展，還是一路向下滑落，都會在這個宮位產生影響。

十用神的含義與影響

食神（好命指數）

我生者（即人格生其他四格），而且是同屬性之生。如陽木生陽火、陰火生陰土者謂之「食神」，也稱為「祿神」，姓名格局中有食神的人，以世俗的眼光來看就是比較好命。若整組姓名格局對的話，不但不愁吃穿、運勢順坦、人際關係良好，在別人眼中脾氣好、溫文秀氣，有修養不會口出惡言、說出不得體的話，運勢中有福氣、感情豐富，內心仁慈善良寬容、有愛心、懂得奉獻施捨，個性開朗樂觀，凡事順其自然，喜歡欣賞美好的事物。聰穎氣質優雅，有藝術氣質，有被疼愛之運，哪怕做錯事，也能被以較低標準看待。學習技能時，能專注在特定的項目上，達到一定的專精程度。一生多口福好享受，美食主義，對於飲食重感覺，在乎好不好吃，不在乎價位的高低，只要哪裡有好吃的，路邊攤沒冷氣，也無所謂。

但若食神多、格局又錯的話，慵懶特性就會出現－能坐著就不站著，能躺著就不坐著，凡事伸手要求幫忙，一付公主、王子的態勢。姓名格局又「傷官」「劫財」，格局就會往負面解釋，缺點是個性衝勁小、不夠勤奮，喜歡優遊自在的生活，心態安逸懶散，無法承受壓力逃避現實，懼怕壓力，對於重責大任更是敬謝不敏，慵懶的負面特性常會有事事指揮別人，處處依賴別人，行動力差，沒有任何執行力。若理想太高、忽視現實生活，會有懷才不遇有志難伸之感。

有「食神」者，對文學及藝術感受非常敏銳，適合往音樂、繪畫、陶藝、服裝設計、文學、作家發展，因挑嘴喜美食的性情，美食工作者未嘗不可，善用良好的人際關係，從事公關或服務業方面的工作，成功的機率很高。

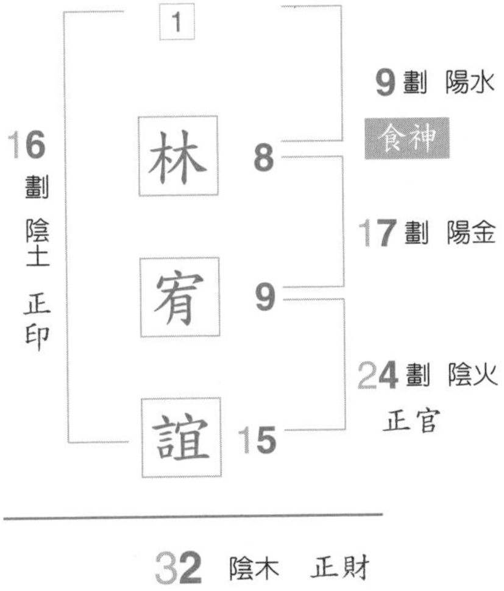

人格尾數	1	2	3	4	5	6	7	8	9	0
天、地、外總格尾數	3	4	5	6	7	8	9	0	1	2

正印（心軟指數）

生我者（即其他四格生人格），而且是異屬性之生。如陽火生陰土、陰土生陽金者謂之「正印」。姓名格局中有正印的人，有付出、博愛的胸懷，肯為別人犧牲奉獻，是人家的「福星」。個性上有涵養、溫厚老實、和藹可親、安寧恬靜、品德好、內心仁慈寬容、做事細心有耐心。「正印」只要一個就夠，若是有兩個以上的正印，得有不求回報的念頭。有正印的人，常是「父母親及長輩」的福星，聰穎仁慈、寬容善良、平易近人，淡泊名利、重視學問、品德與精神，不會耍心機，是個會做事的人，大部分都很孝順父母，為父母親犧牲奉獻，幾乎沒有怨言。

正印落在夫妻宮的話，對於「異性朋友」，都是真心的對待與付出，很容易讓自己或對方搞不清楚，究竟是朋友還是情人。一旦有了婚姻，對另外一半亦是全心全意的付出，也就是有所謂的幫夫運、幫妻運。正印落在僕役宮，對於「同性朋友」，都會真心的對待與付出，毫不考慮的去幫忙，有時還會被誤會是否為同性戀。

格局中若有「傷官」「劫財」，負面缺點是消極木納，不獨立，欠缺自主氣魄，自視清高而輕視金錢，好面子而打腫臉充胖子。不善言詞，個性軟弱，有時依賴性高、內心孤獨，缺乏與人競爭的企圖心，不善察言觀色，缺乏應變能力，很容易熱臉貼人，還被視為應該如此，任勞任怨還會被人嫌惡。通常加班必定有分，但升職得看機運緣份。

有「正印」者，在職業上會是主管、同事間的稱職助手，因為是別人的福星。可以從事命理、專業顧問、老師、護理人員等需要心性清高、有指導性的工作，因為不喜用心機，所以投機性或需要應變能力強的工作就不適合，如證券業。

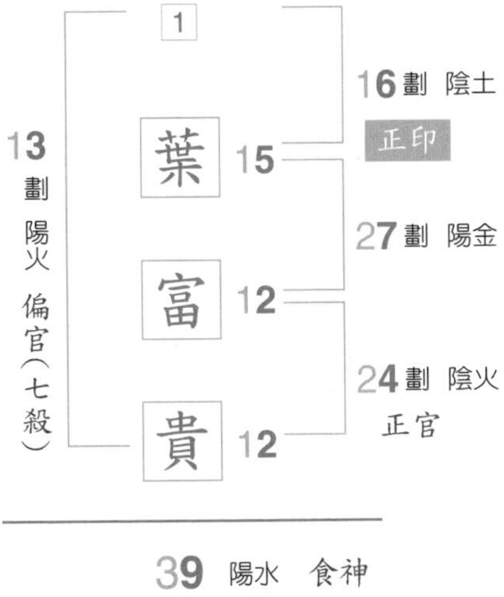

人格尾數	1	2	3	4	5	6	7	8	9	0
天、地、外總格尾數	0	9	2	1	4	3	6	5	8	7

偏印（貴人指數）

生我者（即其他四格生人格），而且是同屬性之生。如陽水生陽木、陰火生陰土者謂之「偏印」。其貴人的特性依落點不同而有所差異，落在父母宮「父母親及長輩」是貴人，父母或長輩會帶來許多幫助。落在夫妻宮則「異性朋友」是貴人，有困難的事情，「異性朋友」都會適當的來幫助，但這很容易讓自己或對方搞不清楚，究竟是朋友還是情人，不過一旦有了婚姻，配偶將是最佳幫手。

基本上有偏印的人，運勢上比一般人順遂多了，遇到貴人相助的機運，比一般人高出五倍以上，所有碰到的人、事、物裡面，十個當中有八個是貴人。通常處事俐落、付諸言行，身手矯健、思維機智，對於企劃、創造、設計上有獨特才能，個性上比較精打細算，頭腦清楚，做事有條有理、思維細緻、精明幹練，理解、創造、企劃能力強，且才藝多。

格局若有「傷官」「劫財」，心態保守又不滿於保守，不願被人侵犯也不願侵犯人，不關心人也不願被人關心，不喜歡打擾別人也不喜歡別人打擾，內心封閉冷漠、沉默寡言，心情苦悶陰沉不開朗、善變神經質、三心兩意、徬徨不定，心胸狹窄深沉有心機。要防人多口雜意見多，反而多頭馬車，相助力量重複重疊，浪費相助的資源，甚至會被視為有特權，招人議論，有衝勁而沒耐力，常等待別人的幫助。形成公主病王子病的機率很大，如果是獨生子（女），當媽寶的機會不小。

有「偏印」者，在職業上適合有企劃、專案性質工作，專業技術、研究發展、資訊業及靠知識傳播的行業亦適合，另需理解力、創造力、應變力、領悟力強的工作也不錯，如徵信業、科技研發人員、醫生、建築設計。

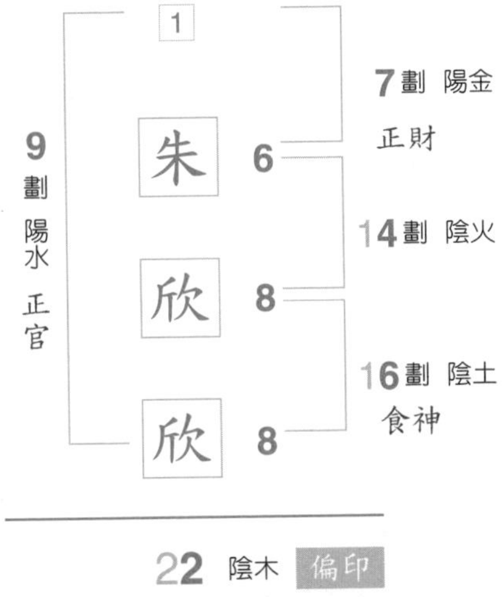

人格尾數	1	2	3	4	5	6	7	8	9	0
天、地、外總格尾數	9	0	1	2	3	4	5	6	7	8

正財（理財指數）

我剋者（即人格剋其他四格），而且是異屬性之剋。如陽木剋陰土、陰火剋陽金者謂之「正財」。格局中有正財者，節儉任勞任怨，正直有強烈責任感，敦厚、不虛偽，不好高鶩遠，珍惜金錢、喜歡儲蓄、點滴致富，重視物質生活，對於任何消費，都會先編預算再消費，不會一時衝動去購物，理財方式較保守，就算創業，也會研擬計劃、收集資訊、資金到位，當個安心的老闆。

男生格局有「正財」者，家庭觀念濃厚對家人好，異性緣好，正面桃花居多，團體內人緣好，適合穩定的內勤工作，性情上重視信用、擇善固執，有責任感、做事有板有眼、腳踏實地不虛華，刻苦耐勞、勤儉務實，善於精打細算、開源節流，為人節省儉約不浪費、注重現實環境的變化、明辨是非、秉性忠實不投機取巧、處事篤實行事中庸。女生格局中有「正財」者，喜歡賺錢，希望有固定資產，理財方面保守以定期存款為主，喜歡工作穩定，為人好溝通，很會講好話，出社會後愛賺錢、賺錢容易、也很容易滿足。

姓名格局中，若是有「傷官」、「劫財」出現時，精神面較空虛，對家人吝嗇卻對異性慷慨，凡事斤斤計較、因小失大，一切以利益為前提，執著小細節，目光短淺，貪玩不愛念書，嘴巴甜會說話，迷戀特定事物、重物質享受，懶惰苟且安樂、不願吃苦，凡事沒有長遠計劃。

有「正財」者，在職業選擇上，適合規劃方面的工作，如人力仲介，生涯規劃師，一般金融理財等，投機性濃厚的工作較不適合，如期貨交易員。

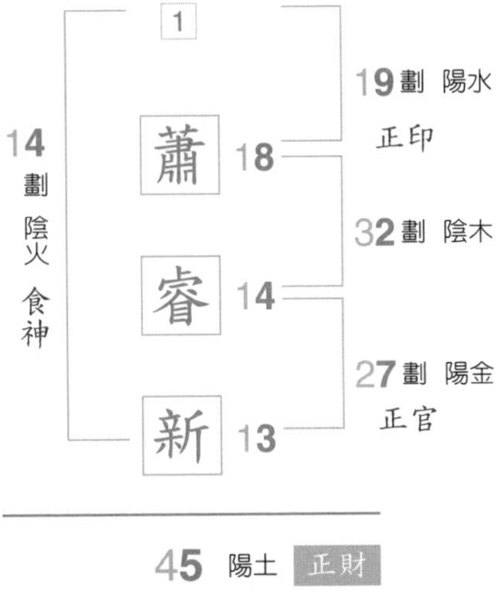

人格尾數	1	2	3	4	5	6	7	8	9	0
天、地、外總格尾數	6	5	8	7	0	9	2	1	4	3

偏財（用錢觀念指數）

我剋者（即人格剋其他四格），而且是同屬性之剋。如陽火剋陽金、陰土剋陰水者謂之「偏財」。格局中有偏財者，對於任何一項消費，只要認定有需要，就算離預算還有一點差距，也會「先買了再說」。但理財方式較靈活，善於生財，很會賺錢、商業頭腦才華非常高，對於事業的態度，一向很樂觀，傾向自行創業者不少。

男生姓名格局中有「偏財」的人，異性緣很好，多屬外桃花。頭腦靈活、風流多情，擅長交際、口才佳，妙語如珠、趣事不斷，重視自己的外表，適合業務有獎金性質的工作，在性情上坦白、不虛飾、為人慷慨豪爽、講義氣、圓滑機智、不拘小節，樂於助人、重感情重友情、不貪心不吝嗇。

女生姓名格局中有「偏財」的人，對於人事物，喜歡質感好、不喜歡草率粗糙感，質感好不見得會是要求是名牌，哪怕是沒有品牌，但質感好就行。

姓名格局中，若是有「傷官」、「劫財」出現時，負面缺點是不珍惜錢財、較沒金錢觀念，有時因太靈活運用錢財，反而不易守財。男生異性緣佳，容易色欲性欲旺、風流在外，故容易不顧家庭成員，易有感情糾紛，重視外表、愛美愛面子、經常答應一堆事情，卻沒有一件事辦到，投機性強、成就起伏大，流年運勢強時，可以一夜致富，流年運勢不好時，一夜之間也會傾家蕩產，容易衝動下，邊開業邊修正，一個時機不對，便會草草收場。女生易因不珍惜錢財、沒金錢觀念，而導致虛榮消費、負債累累。

有「偏財」者，在事業工作上，較不適合呆板的朝九晚五、固定內勤的工作，可以從事需要外向個性、交際能力或理財靈活度高的工作，如國際貿易、土地仲介、證券期貨、公關等。

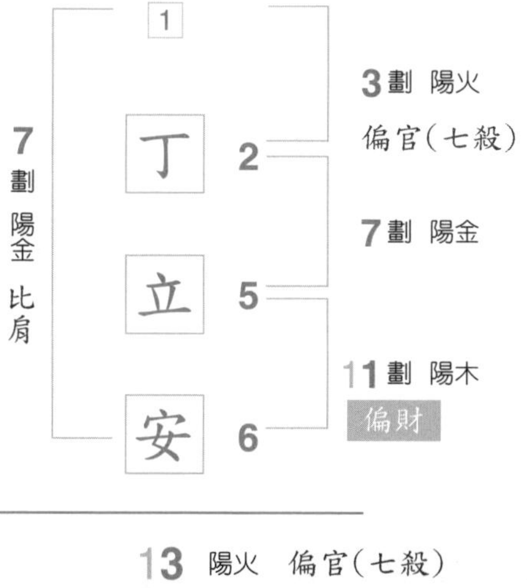

人格尾數	1	2	3	4	5	6	7	8	9	0
天、地、外總格尾數	5	6	7	8	9	0	1	2	3	4

劫財（揮霍指數）

同我者（即人格同其他四格），而且是異屬性之同。如陽木同陰木、陰土同陽土者謂之「**劫財**」。姓名格局中，有劫財者是非多，其是非之事包括異性朋友、同性朋友、父母長輩、主管部屬。有此格局的人不會虧待自己，對物品的質感要求高，只要看上眼，花錢不會手軟，屬於隨心所欲消費型。在外交友廣闊，口才好、能言善道，社交能力強，在外對朋友非常慷慨，常能犧牲自己的利益，造就別人的成功。行事風格喜歡有前瞻性、冒險性的事務，性急勇敢、積極奮鬥、向前進、不怕失敗，心思敏捷，應變能力強口才好，在社交場合中很容易令人刮目相看。

男生有「劫財」的人，異性緣不錯，不過爛桃花居多，男生因為「爛桃花」多，上酒家的機會也多，若未能把持，陷入色欲風流的環境，將無法自拔，屆時被桃色「劫財」的機會非常大。另外應酬喝酒的機會，也比格局中沒有劫財的人多出約四成。**女生有「劫財」的人**，屬於敗金女的機率很大，抱有只要我喜歡有什麼不能買，常會買回超量或用不到的物品。

劫財的其他負面影響，包括性情暴躁，具攻擊性，鑽牛角尖、蠻橫不講理、心思念頭轉變快，內心雙重性格，說謊可能性高，自私自我、不顧別人立場，意氣用事、賭性堅強，個性衝動、想到什麼就做什麼，有強烈的操縱欲望。野心大，以行動解決事情，不將事情掛在心上，不認輸、求功心切，往往冒然而行。不會處理金錢，對外人關心慷慨。具有冒險家性格、有勇無謀，行事衝動魯莽、一意孤行、不計代價後果，常認為自己一定可以成功、情緒不穩，心情陰晴不定，翻臉像翻書一樣。

有「劫財」者，特別適合「靠嘴巴吃飯」的相關行業，如律師、行銷公關等。

人格尾數	1	2	3	4	5	6	7	8	9	0
天、地、外總格尾數	2	1	4	3	6	5	8	7	0	9

正官（當官指數）

剋我者（即其他四格剋人格），而且是異屬性之剋。如陽木剋陰土、陰土剋陽水者謂之「正官」。姓名格局中有正官的人，官格比較旺而且穩，有當官的命格（被派任是「官」，選舉上的是「王」），在一般企業則有穩定工作、不易變動、有主管格。個性上光明磊落，會克制自己的情緒，不輕易動怒，修養夠，團體內人緣好，不易被排擠。有識人之能，具管理能力。自視高、重氣節、樂於服務人群，嚴以律己、寬以待人，深得信任，品行端正保守，知禮守法、負責誠信，秉公尚義，有君子風度、儀容端正、不喜歡奇異作風、有責任感。重視自己的名譽、有良心與正義感、做事講信用、做事理性保守、忠心少異動、在團體中重視服從感、一板一眼，嚴守規矩、行事認真負責，重視紀律及公論。

姓名格局中，若是有「傷官」、「劫財」出現時，負面缺點是容易有自卑感缺乏自信心，凡事不敢立即下決定，個性保守行事刻板、墨守成規，意志不堅、優柔寡斷，一切按部就班、慢慢來，自尊心強、無法接受別人比較嚴厲的批評，謹慎的特性，造成猶豫不決，瞻前顧後，容易眼睜睜看著機會流失。尤其是「正官」「傷官」都有時，還會有雙重性格出現。女生格局中有「正官」的人，異性緣很好，而且以正面居多，好桃花好姻緣的機率大，如果姓名格局中有傷官的話，就會變成疼老公，礙於面子縱然婚姻不好，也絕口不提，更不喜歡別人說老公不好。常為男人身心俱疲。

有「正官」者，適合內勤工作，公務人員是優先選擇，國小老師也很適合，另外從事管理、行政、考核相關工作也很合適，如人事、稽核人員，正義理想高的人，還可以從事法官、檢察官等職業。

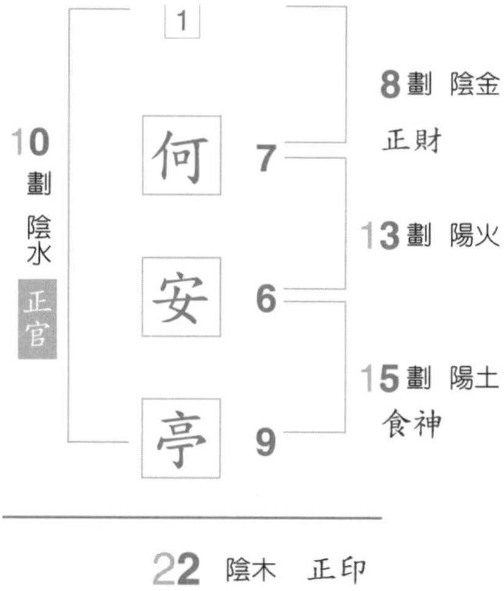

人格尾數	1	2	3	4	5	6	7	8	9	0
天、地、外總格尾數	8	7	0	9	2	1	4	3	6	5

偏官七殺（固執指數）

剋我者（即其他四格剋人格）而且是同屬性之剋。如陽木剋陽土、陰土剋陰水者謂之「偏官（七殺）」。姓名格局中有偏官（七殺）的人，個性固執、主觀意識強，一旦自己有了決定，別人若無足夠理由說服，便會按己意而行。不想後果、堅持到底，做事攻擊性強、勇敢果斷、充滿幹勁、容易開創新局，好勝好強，有氣魄、有毅力、不服輸，行事光明、不作虛心事，個性剛直、不虛偽，講義氣、嫉惡如仇、好打抱不平，允文允武、善於把握良機，思考細膩、責任心重。吃軟不吃硬，態度溫和有商量餘地，若是蠻橫對待，就會強硬反擊。

女生姓名格局中有「偏官」的人，外桃花旺盛異性緣超強，追求者眾、條件好。易遭同性排斥，小心不好的緋聞、謠言滿天飛。對婚姻自主權高，不受世俗眼光的約束，常因對愛情太執著，以至成為第三者的機率高。男生姓名格局中有「偏官」的人，在婚姻表現也是兩極化，要不玩遍天下女人，要不對老婆絕對忠心，不是老婆絕對不碰。

姓名格局中，若是有「傷官」、「劫財」出現時，負面缺點是嚴肅、極權專制，易樹立敵人，弄到四面楚歌，倔強霸道，聽不進別人的規勸，猜忌多疑、不信任別人，不滿現狀。性情剛烈、不穩定、脾氣暴烈、具反叛性。被踩地雷會六親不認，就算是父母也會因一時衝動魯莽、翻臉不認人。個性剛強、情緒容易失控，凡事以競爭為手段，比較難交到知心朋友。

有「偏官」者，適合專業性質工作，如研發、研究人員，或各行業中需要有證照的職務。也適合檢察官，警察人員等比較有威嚴的工作。女生有偏官者，適合四處奔波的工作，如模特兒、演藝人員。

1

周 8

慧 15

誼 15

9劃 陽水 偏官（七殺）

23劃 陽火

30劃 陰水 正官

16劃 陰土 傷官

38 陰金 正財

人格尾數	1	2	3	4	5	6	7	8	9	0
天、地、外總格尾數	7	8	9	0	1	2	3	4	5	6

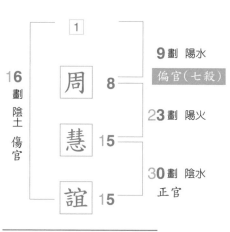

傷官（暴躁指數）

我生者（即人格生其他四格），而且是異屬性之生。如陽木生陰火、陰火生陽土者謂之「傷官」。傷官在古代就是江湖人士的含義，特性是博學。若在現代，多半擁有表演、藝術和政治方面的能力。

有傷官者，通常多能多才多藝，活潑善辯、才華橫溢，學習能力特別強，亦重視他人肯定。喜歡出風頭、引起大家的注意，對於藝能、美學、技術方面的敏銳性很高，內心充滿濟弱扶傾的俠義精神，口才流利、表情豐富。

格局中有傷官的人，碰到小人的機率很高，比一般人高出十倍以上，碰到的人、事、物中，十個有八個是小人，凡事有人扯後腿，但相對而言機會不斷，所有的機會，來自別人無法完成，或已經留好利益後，才會來找上門請求協助的。如果是可以獨自完成的機會，大多是無利可圖。

運勢上，有傷官的人比沒有傷官的人坎坷許多。流年運勢好時，或許有曇花一現的成就，可以得到一些利益，或志得意滿。流年運勢一走弱，馬上就會連本帶利吐回去，弄得灰頭土臉，甚至官訟是非纏身。因此千萬不要有輕鬆賺、走偏門、一夕致富的念頭，否則一旦出問題，可能身敗名裂，一輩子難翻身。女生有傷官，異性緣以爛桃花居多，婚姻路難走，易有分手離婚之運。

個性上，有傷官的人，容易因為興趣廣泛，造成博而不精的後遺症，恃才傲物，無法接納忠言的機率很高，厭惡禮俗拘束，容易感情用事，脾氣暴烈衝動，不夠圓滑，叛逆好勝、愛出風頭，喜好名聲，好動、不喜拘束，破壞性強，主觀意識強烈，在意別人的觀感，表現力、幻想力強，有能力、有才氣、有作為，聰明伶俐，不守法、誹謗、驕

1

謝 17
伊 8
涵 12

18劃 陽金 傷官
25劃 陽土
20劃 陰水 食神
13劃 陽火 偏印

37 陽金 食神

人格尾數	1	2	3	4	5	6	7	8	9	0
天、地、外總格尾數	4	3	6	5	8	7	0	9	2	1

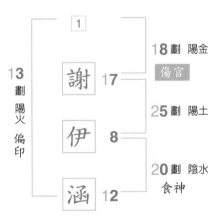

傲、不易屈服，多變富創意、工巧善辯、性格直率、不圓滿、競爭性格強。

有「偏官」者，適合多變化有挑戰性的工作，不適合單調重複的工作，最好時時有挑戰，時時有變化，如演藝圈、大眾傳播業。男生若有傷官，容易從事勞力加技術的工作，如建築業。

比肩（計較指數）

同我者（即人格同其他四格），而且是同屬性之同。即陽木同陽木、陰火同陰火者，謂之「比肩」。**姓名格局中有比肩的人，非常重視公平的感覺。**凡事要求公平、互相尊重，喜歡平起平坐、互助合作、互不吃虧，堅持平等、不分大小高低，看人不會大小眼、有來有往不自私。情感上，愛恨分明，言行一致、坦率真誠，對待朋友以真誠相待，特別痛恨說一套作一套，一旦有被傷害的經驗，就會將該人列為拒絕往來戶，不允許受第二次傷害。

姓名格局中，有比肩又有「正官」的話，為人外柔內剛，富有同理心，喜照顧別人，而且沉穩厚重，守信用、實在、重視個人名譽，重承諾，可以將重要事項託付。個性剛毅穩健、脾氣硬，意志堅定、不輕易妥協，行事果斷自主、不被外在環境所左右，有自信、不怕被磨練，不做超過自己能力負荷的事。

姓名格局中，若是有「傷官」、「劫財」出現時，容易出現負面缺點，如行事以自我為中心，較不會體諒別人，堅持己見、固執己見、自我意識強烈，無法接納別人意見，相識滿天下、知音沒幾人，口

1
洪 10 — 11劃 陽木 傷官
佳 10 — 20劃 陰木
軒 10 — 20劃 陰木 比肩
13劃 陽木 傷官

30 陰水 比肩

人格尾數	1	2	3	4	5	6	7	8	9	0
天、地、外總格尾數	1	2	3	4	5	6	7	8	9	0

中讚美別人、心中卻不服氣，人際關係不佳，耿直、不易變通。在工做事業上，因對固定體制有反抗心態，不易得到器重，相對財運就會比較差。急性容易衝動、崇尚自由、不願受拘束。

格局中比肩太多，易有凡事斤斤計較，算得一清二楚，缺好人情味，因為喜歡說清楚講明白，容易被人嫌囉嗦，也會比較會有極端的作為。

有「比肩」者，工作方面建議從事不需要經常交際的工作，或不需要口才、溝通的工作，如農、漁業、工廠機器操作員、品管人員、稽查人員、軍公人員，對於業務、銷售等相關職業，則較無法適應。

搭配生肖姓名學，命名將更周全

坊間的姓名學老師，在「生肖姓名學」有很大的歧見。有的老師認為生肖姓名學根本沒意義，只要筆劃取吉祥數字，或搭配八字的喜忌用神就可以，也有老師認為，只要生肖姓名學一種理論就可以，命名時只要用對生肖有利的字即可，其他的姓名學理論全都不必去管。

根據我的統計，生肖姓名學對個人健康及運勢是很有關聯的，但光生肖考量還不夠周全，得再搭配先天八字的喜忌用神，命名就會更加圓滿。要記住，只考量生肖，或只考量八字喜忌用字，都會產生過與不及的現象。

名字取用字體（形）時，要符合個人生肖。用對了字，無論事業、婚姻、子女財庫，都較順利、平安、和諧、圓滿、積極、勇敢、好命、有口福、人緣好、幸運，若非父母教育（養）出狀況，或不正常生活習慣、居家陽宅出問題等，個人身體健康度，必會比沒有參考生肖姓名學且用錯字的人強上許多。

名字取錯字體（形）時，在事業、婚姻、子女財庫，易波折、對立、壓迫、懦弱、暴躁、內心封閉冷漠、多變、孤獨、懶散、衝突，就算有正常生活習慣，個人的身體健康度，將比用對字的人弱上許多。

我統計發現，生肖姓名學中，「姓氏」可看頭部疾病、與父母的緣分。若姓氏和生肖有對沖情形，發生頭疼、腦血管疾病及頭部受傷的機率較高，若有刑、破的對應，則易頭暈或偏頭痛。另和父母緣份較薄。碰到這種情況，只要「名字」用對字（畢竟姓氏難更易），格局也取的好，疾病可改善一半以上，與父母互動則會有八成以上改變，不再因緣份薄而不好溝通、相處時間少等不好現象。

姓名的姓名第一個字——「名一」，對應到胸腹疾病、事業婚姻發展。若用到對沖的字，胸腹部疾病多，多屬「痛」的症狀，且婚姻及事業易受對撞傷害。用到刑、破的字，胸腹部疾病多屬「悶、脹」症狀，時常有不舒暢感。

姓名的姓名第二個字——「名二」，對應到背腰腳疾病。用到對沖的字，腰部以下疾病多，且容易受傷如閃到腰、撞傷，脊椎也會有狀況，一旦有問題，連帶會影響到頸椎活動，膝蓋及腳也容易扭到。用到刑、破的字，腰容易酸或繃緊不舒暢，膝蓋及腳容易因尿酸、血液循環導致不良的症狀。

我還發現，許多想懷孕而未如願的婦女，有很高比例，在名一字體的左半或下半，及名二字體的右半或上半，都對本身生肖屬性，有沖、刑、剋的現象，雖然檢查身體的生育機能正常，就是不能如願懷孕，人工受孕成功率也較低。

當所有方式都試且無效，不妨更改名字，找個適合本身生肖的字，可以幫助改善身體的性質，讓生兒育女不再是困難之事。我的女兒也是更改名字後，身體才開始變好，更引發我研究之心，才有這本書的出現。

在運勢方面，**姓氏管1～20歲的波段運**。姓氏字上半或右半管1～10歲波段運，姓氏字下半或左半管11～20歲波段運（若複姓，則姓氏第一字管1～10歲，姓氏第二字管11～20歲）。**名一字管21～40歲波段運**。名一字上半或右半管20～30歲波段運，名一字下半或左半管31～40歲波段運。**名二字管41～60歲波段運**。名二字的上半或右半管41～50歲波段運，名二字的下半或左半管51～60歲波段運。

如果是單名，41～60歲波段運，得用單名再跑一次，所以單名的人在生肖部分，要扛40年的大運，選字更要錙銖必較。

姓名波段運的運勢分數，要以生肖姓名學來判斷。姓名本身的字形，是否和本人的生肖相互搭配，依照搭配程度分為三種波段運分數：第一種是姓名字形和本人生肖完全配合，波段運分數100分；第二種是字形本身和生肖有部分搭配，有部份刑、沖、剋，波段運分數70分，而刑、沖、剋落的位置（字右上或左下），分數只有50分；第三種是姓名字形和本人生肖有刑、沖、剋現象發生，波段運分數只有40分。所以生肖姓名學關係波段運分數，絕非如有些老師所言，生肖與姓名毫無關聯性。

最「四平八穩」的姓名格局

姓名格局中，有「財」「官」「印」格局，就是所謂的四平八穩格局。如果沒有辦法「財」「官」「印」具備，至少要有「財」「官」。在詭異多變的未來，姓名有「財」「官」「印」格局的人，多半能夠適應千變萬化的社會。

命理是統計學，一百位有「財」「官」「印」，也是我所謂平八穩格局，其生肖用字都對的人，雖然不見得百分之百都能成功，但成功機率比其他人大上許多，絕對是一個事實。沒有「財」「官」「印」組合的人，在事業或工作方面，通常也比有「財」「官」「印」組合的人，辛苦許多。

房子蓋得好不好，平時看不太出來，就算有漲幅，也不見得突出，唯有地震來臨時，才知道地基穩不穩，或裝潢好不好。姓名的助力在平時，或大環境好的時候，差異性不大，只有在人生有困境，或大環境不好時，才能明顯看出姓名究竟是助力，還是阻力了。

未來環境（世界）的工作、事業運勢，有四平八穩性格、各方面都能有抗壓性的人，不論是工作或創業，成功比率都會是最高的。又加上少子化影響，家族企業不再常見，反而更多合作合夥，若一個人的個性，不被大多數人認同，形成單打獨鬥時，成功的機率就會大打折扣。

1

張 11　12劃 陰木 正財

安 6　17劃 陽金

亞 8　14劃 陰火 正官

9劃 陽水 食神

25 陽土 偏印

正官：1	劫財：0	金：1
偏官：0	正印：0	木：1
傷官：0	偏印：1	水：1
正財：1	比肩：0	火：1
偏財：0	食神：1	土：1

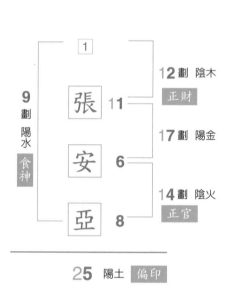

完全不懂命理父母的實戰篇

步驟1 → 找出姓氏的筆劃尾數

步驟2 → 從文章內提供的安全格局組合挑選出想要的格局

步驟3 → 再從附錄挑選出喜歡的用字

對於完全不懂命理，又想要自己命名的父母，筆者提供一個最安全的命名方式，讓各位父母不必花大錢，也能有大師級的功力。

第一個步驟，要先確定姓氏的筆劃，這一部分可以利用程式上的單字查詢功能，還會告訴您數字的本質是多少。

第二個步驟，是從下面的格局當中，挑出格局的筆劃組合。例如，「洪」是10劃，數字本質為「0」，就從「0」的格局組合中，挑出一至三個組合出來。

第三個步驟，是挑選附錄提供的十二生肖用字。按筆劃順序找到孩子的生肖對應用字，就完成命名的步驟。這裡要提醒的是，生肖的區分是以農曆的除夕夜為主，不是以八字的區分。

第四個步驟是，所挑的字盡量不要直接看見五行相關部首的字，例如：鋒（金）、洲（水）、坪（土）、輝（火）、樺（木），這樣還可避免觸犯先天八字的喜忌用神。當然，有八字底子的人可以放心選用，這裡所提的，是完全不懂命理的父母命名時的安全法則。

只要按照上述的步驟和注意事項，就可以幫孩子命名或改出四平八穩的姓名，再加上各位父母的細心照顧培養，以後孩子的成就在中上以上，比較不成問題，好運的機率也比較高。

安全命名格局大公開

以下是筆者在幫新生孩子命名時，最常用的格局，這些格局不論是八字中的正格或變格，都比較四平八穩。在用字的筆劃方面，筆者所選用的範圍，絕大多數落在四劃到十五劃之間，畢竟中文字的筆劃一多，在學習過程裡，有時會給小孩子帶來許多困擾，而且筆者的統計，四劃到十五劃的字，足以能夠命名出不少的組合，另一方面，為了全球電腦化的關係，筆者也將用字縮小範圍到電腦常用字，避免小孩長大後上網或需要電腦作業的時候，會有許多不方便。

下列的命名格局，是筆者簡化之後的公式，為了怕有些讀者直接跳到自己想看的部分，所以每一個姓氏的特質，都會再加以說明，並列出實例圖樣，把格局組合也列出來。但為避免筆誤或編輯錯誤，請讀者多利用程式再一次檢查，自己幫新生孩子命名有無閃失。畢竟，這是一件很重要的事情，多作確認總比事後補救好。

筆者就有客戶到了戶政單位忘了帶資料，結果把「愉」變成「渝」，雖然格局沒變，但是由於小孩子是屬狗，不能用「渝」這個字，會對小孩子的健康有影響，結果又得去改名。偏偏在孩子二十歲前，只能改名一次，所以得用同名同姓去改，折騰半年才弄好，如果當時回家拿資料，或是打個電話給筆者，不就可以省下許多問題和麻煩，所以要重複確認才能避免許多不必要的困擾。

筆劃個位數特質是「1」

常見有11劃的許、張、梅、章、胡、范、梁、康、曹、麥、從、崔、那、崖、邢、商、寇、苗、尉、浦、涂、常、婁、戚、習。21劃的顧、巍、瓏、饒、釋。

最安全的命名格局如下圖所示，這個格局是由「財、官、印」外加「食神」所組合而成，而陰陽的比例為3：2，五行的部分則是「木、火、土、金、水」都有，是個最四平八穩的格局，面面俱到，足以應付多變的未來。

例如，新生孩子姓「張」，屬「牛」，在符合命名的注意事項下，命名為「張羽函」，如果姓氏是21劃的「顧」，屬「牛」，也是命名「羽函」，格局如圖示。

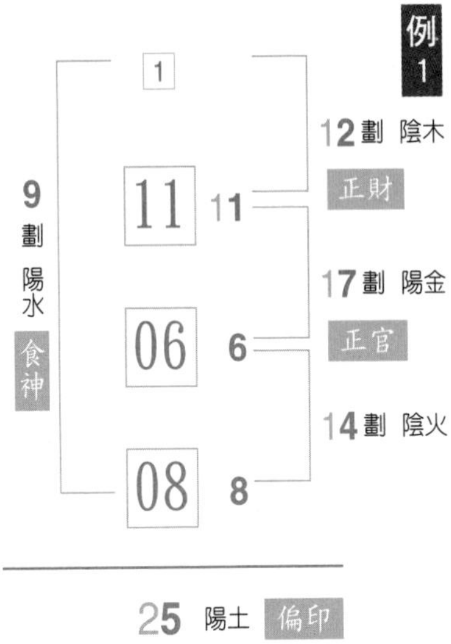

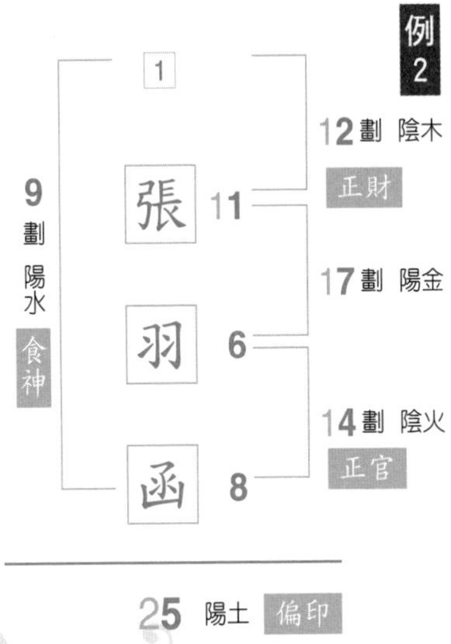

安全性高的其他命名格局

1

- 11　11
- 04　4
- 08　8

12劃　陰木

15劃　陽土　正官

12劃　陰木

9劃　陽水　偏財

23　陽火　偏印

例3

1

- 顧　21
- 羽　6
- 函　8

22劃　陰木　正財

27劃　陽金

14劃　陰火　正官

9劃　陽水　食神

35　陽土　偏印

1

- 11　11
- 09　9
- 14　14

12劃　陰木　食神

20劃　陰水　正財

23劃　陽火

15劃　陽土　正官

34　陰火　偏財

例4

1

- 11　11
- 04　4
- 09　9

12劃　陰木　正官

15劃　陽土　偏印

13劃　陽火

10劃　陰水　正財

24　陰火　正印

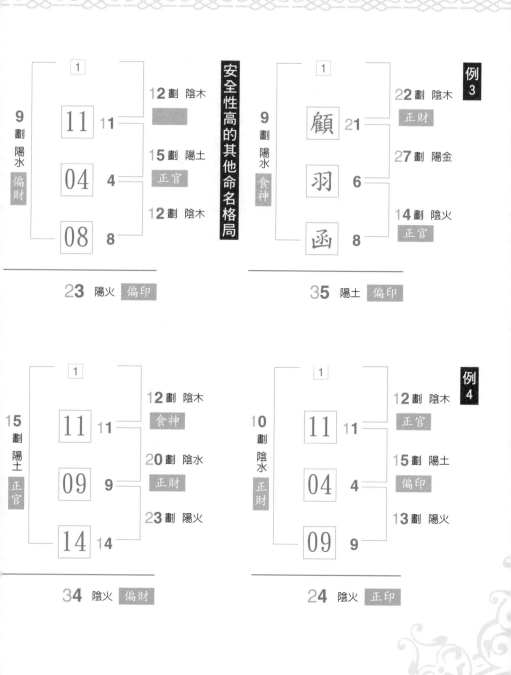

其中的數字「4」可以用14劃來代替，因為14的本質是4，所以「11、4、8」和「11、14、8」是一樣的。建議的組合為「11、14、8」，「11、14、9」，「11、9、14」。姓氏是21劃的為「21、14、8」，「21、14、9」，「21、9、14」，例如下列命名的圖例，都是以屬牛為例的命名方式。

例2

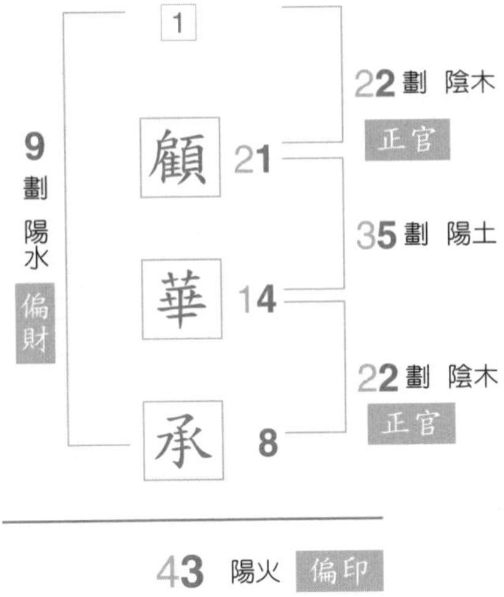

例1

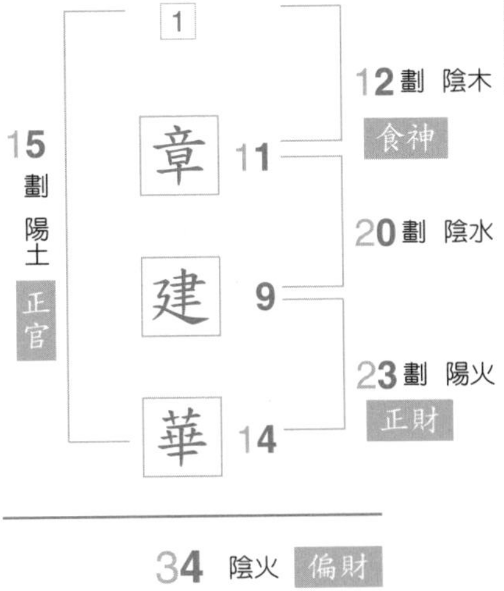

例3

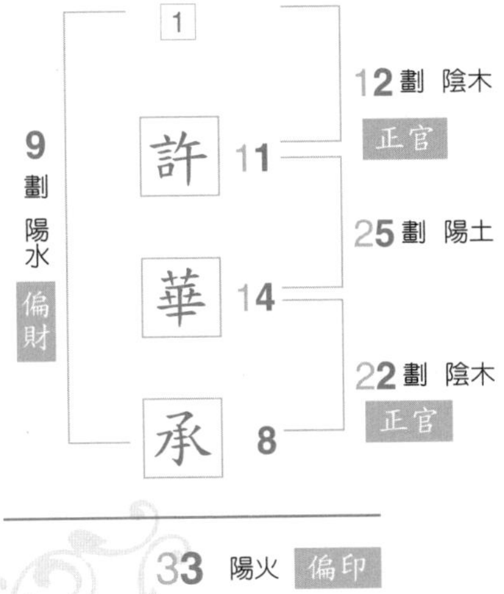

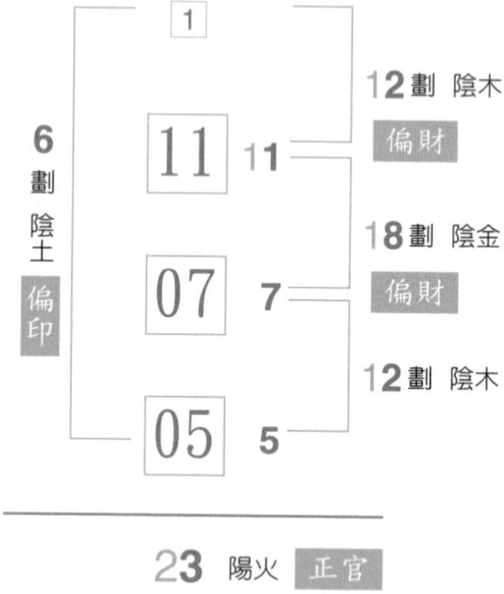

其中的數字「3」可以用13劃來代替，因為13的本質是3，數字「5」可以用15劃來代替，因為15的本質是5，所以「11、7、5」和「11、7、15」是一樣的。建議的組合為「11、7、15」，「11、13、15」，「11、11、15」。

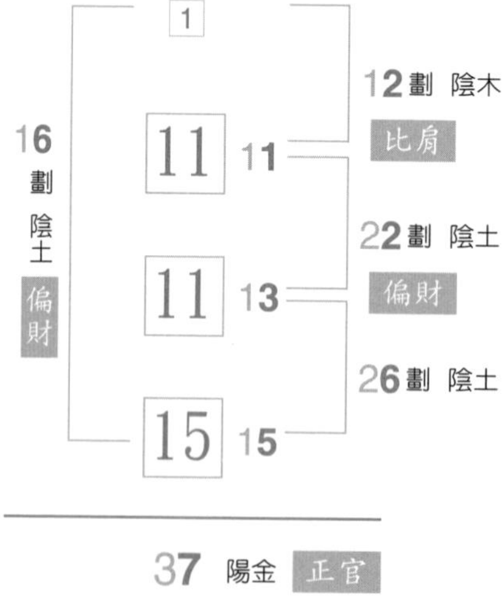

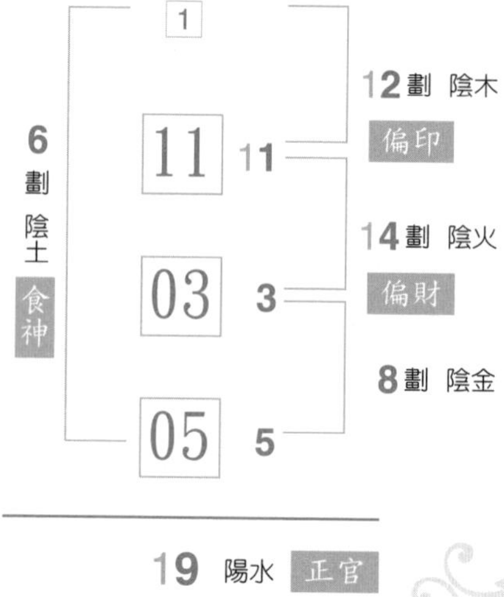

姓氏是21劃的為「21、7、15」，「21、13、15」，「21、11、15」，例如下列命名，都是以屬牛為例，可供參考。

例1

- 1
- 胡 11
- 宏 7
- 寬 15

- 12劃 陰木 偏財
- 18劃 陰金
- 22劃 陰木 偏財
- 16劃 陰土 偏印

33 陽火 正官

例2

- 1
- 饒 21
- 蒲 13
- 寬 15

- 22劃 陰木 偏印
- 34劃 陰火
- 28劃 陰金 偏財
- 16劃 陰土 食神

49 陽水 正官

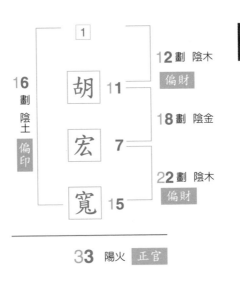

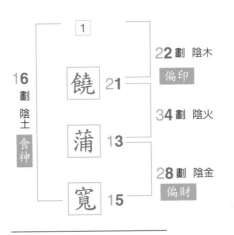

筆劃個位數特質是「2」

常見姓氏，2劃的有：丁、卜、力、匕；12劃的姓氏有：黃、曾、邵、邱、彭、傅、程、阮、項、童、賀、喬、富、荊、堵、盛、景、荀、閔、喻、雲、費、焦、舒、馮、單、辜、祁；22劃的姓氏有：蘇、龔、權、藺。

最安全的命名格局如下列各圖所示，這些格局是由「財、官、印」外加「食神」或「比肩」組合而成，而陰陽的比例為3：2，五行的部分是「木、火、土、金、水」都有，或是五行的調配符合穩健的生剋，是個最四平八穩的格局。

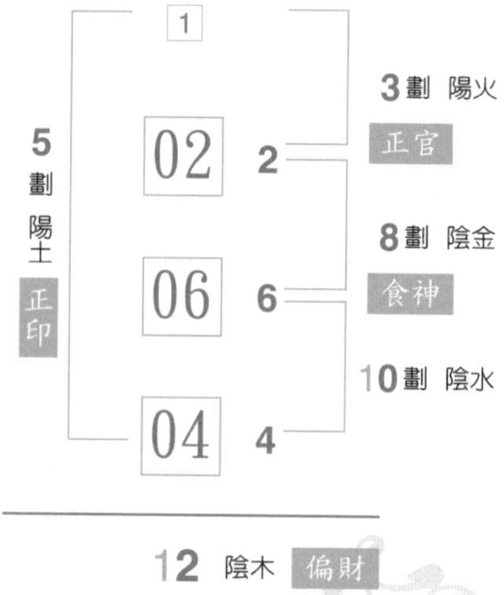

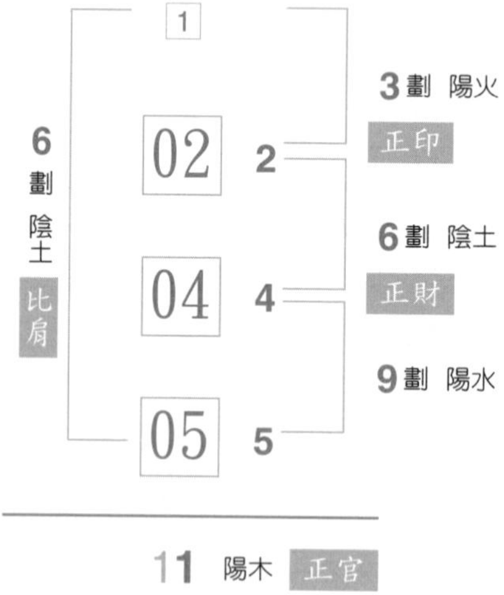

例如，新生孩子姓「曾」，屬「牛」，在符合命名的注意事項下，命名為「曾元德」。如果姓氏是22劃的「蘇」，屬「牛」，也是命名「元德」。格局如圖所示，都是一樣的。

例1

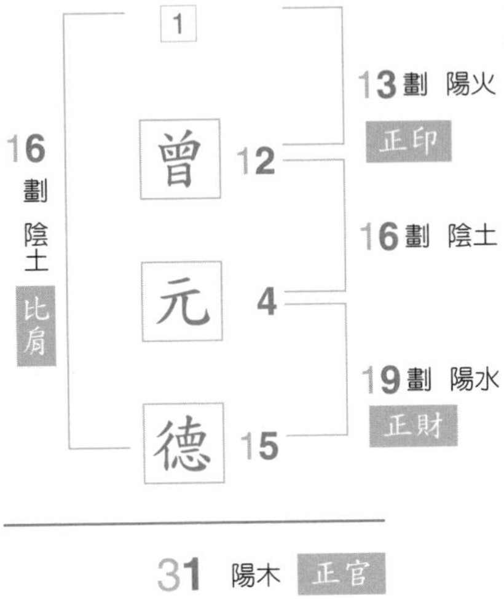

例2

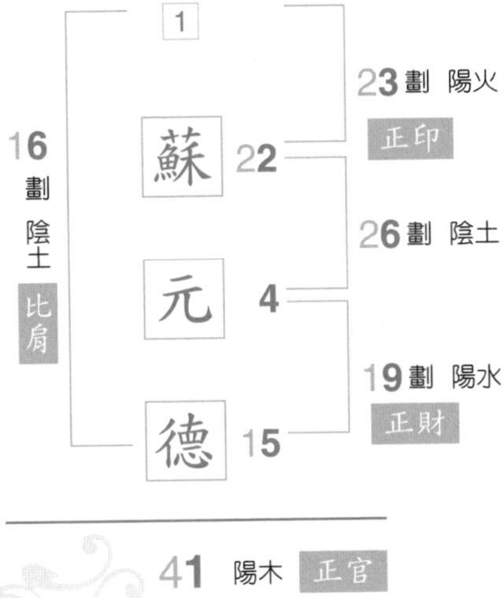

其中「4」可用14劃代替，「5」可以用15劃來代替，所以「12、4、5」和「12、4、15」和「12、14、15」都是一樣的格局。建議的組合為「12、6、14」「12、4、15」「12、14、15」「12、7、7」。姓氏是22劃的為「22、6、14」「22、4、15」「22、14、15」「22、7、7」，下列命名，都是以屬牛為例，可供參考。

例1

- 1
- 賀 12
- 如 6
- 秀 7

- 13劃 陽火 正官
- 18劃 陰金
- 13劃 陽火 正官
- 8劃 陰金 比肩
- 25 陽土 正印

例2

- 1
- 喬 12
- 羽 6
- 華 14

- 13劃 陽火 正官
- 18劃 陰金
- 20劃 陰水 食神
- 15劃 陽土 正印
- 32 陰木 偏財

例3

- 1
- 龔 22
- 之 4
- 進 15

- 23劃 陽火 正印
- 26劃 陰土
- 19劃 陽水 正財
- 16劃 陰土 比肩
- 41 陽木 正官

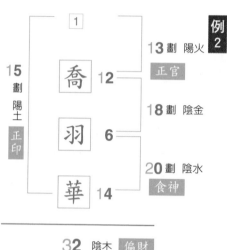

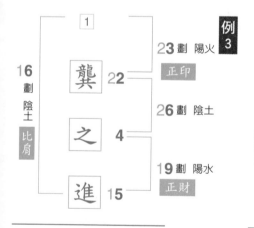

安全性高的其他命名格局

1
02　2　3劃 陽火 偏印
03　3　5劃 陽土 正官
09　9　12劃 陰木
10劃 陰水 正財
14 陰火 正印

1
02　2　3劃 陽火 正官
06　6　8劃 陰金 正財
05　5　11劃 陽木
6劃 陰土 偏印
13 陽火 正官

1
02　2　3劃 陽火 正財
08　8　10劃 陰水 正官
07　7　15劃 陽土
8劃 陰金 偏印
17 陽金 正印

1
02　2　3劃 陽火 正官
06　6　8劃 陰金 偏印
10　10　16劃 陰土
11劃 陽木 正財
18 陰金 比肩

1
02　2　3劃 陽火 食神
09　9　11劃 陽木 正財
07　7　16劃 陰土
8劃 陰金 正官
18 陽金 正官

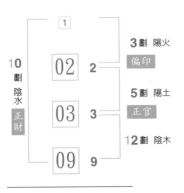

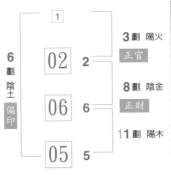

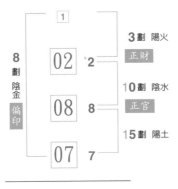

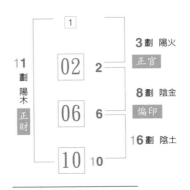

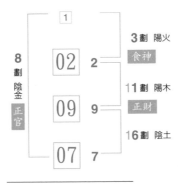

其中的數字「3」可以用13劃來代替，數字「5」可以用15劃來代替，數字「0」可以用10劃來代替，因為10的本質是0，所以「12、6、5」和「12、6、15」都是一樣的格局。

建議的組合為「12、6、15」「12、13、9」「12、6、10」「12、8、7」「12、9、7」。姓氏是22劃的為「22、6、15」「22、13、9」「22、6、10」「22、8、7」「22、9、7」，例如下列命名的圖例，都是以屬牛為例的命名方式，可供參考。

例1

	1		13劃 陽火 正官
16劃 陰土 偏印	邱	12	18劃 陽金
	臣	6	21劃 陽木 正財
	寬	15	

33 陽火 正官

例2

	1		23劃 陽火 偏印
10劃 陰水 正財	蘭	22	35劃 陽土
	新	13	22劃 陰木 正官
	泓	9	

44 陰火 正印

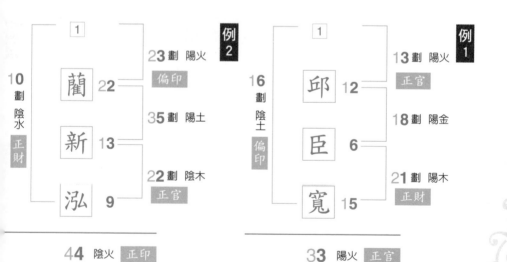

例3

1

彭 12
合 6
軒 10

11劃 陽木 正財

13劃 陽火 正官

18劃 陰金

16劃 陰土 偏印

28 陰金 比肩

例4

1

阮 12
承 8
宏 7

8劃 陰金 偏印

13劃 陽火 正財

20劃 陰水

15劃 陽土 正官

27 陽金 正印

例5

1

項 12
建 9
宏 7

8劃 陰金 正官

13劃 陽火 食神

21劃 陽木

16劃 陰土 正財

28 陰金 正官

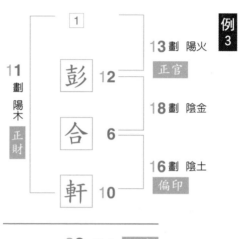

筆劃個位數特質是「3」

常見的姓氏中，3劃的有：于、上、山、干。13劃的姓氏有：楊、莊、詹、游、農、廉、雍、賈、雷、莫、虞、楚、湯、路、裘、解。

最安全的命名格局如下列各圖所示，是由「財、官、印」外加「食神」或「比肩」所組合而成，而陰陽的比例為3：2，五行的部分是「木、火、土、金、水」都有，或是五行調配符合穩健的生剋，是最四平八穩的格局。

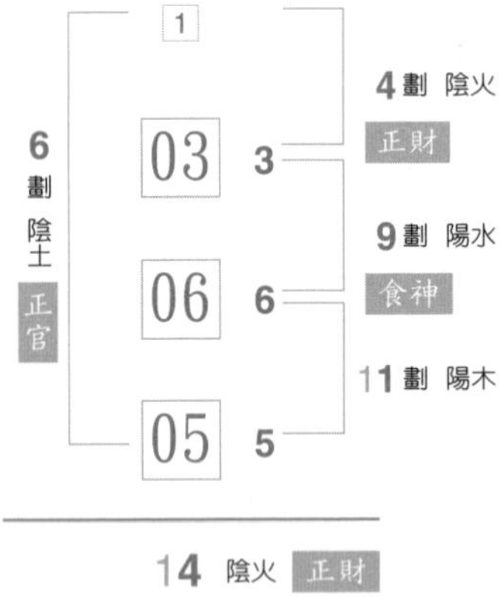

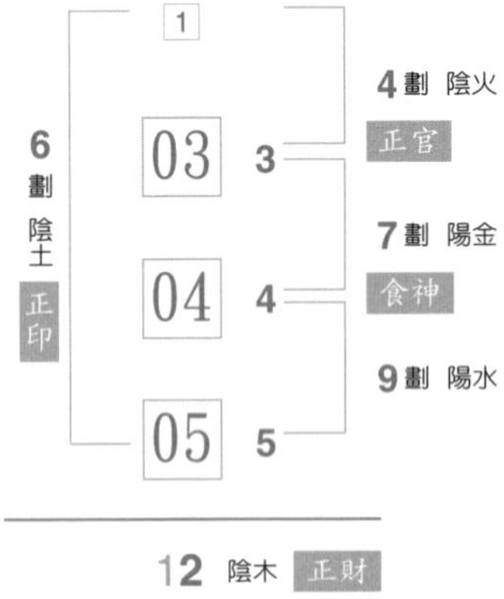

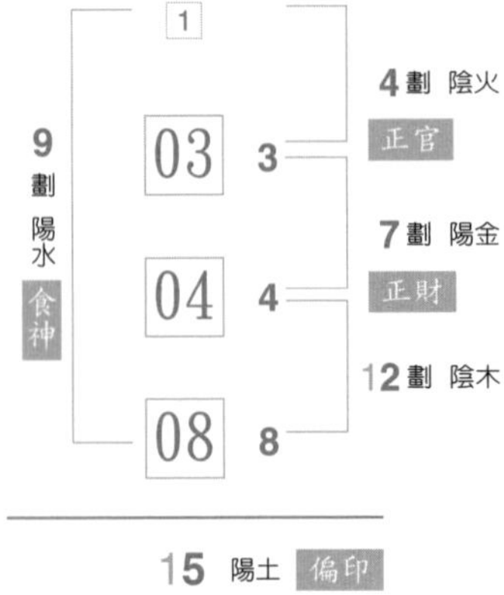

其中的數字「4」可以用14劃來代替，數字「5」可以用15劃來代替，所以「3、6、5」和「3、6、15」都是一樣的格局。建議的組合為「3、6、15」「3、4、15」「3、14、15」「3、4、8」「3、14、8」，姓氏是13劃的為「13、6、15」「13、4、15」「13、14、15」「13、4、8」「13、14、8」。

例如下列命名的圖例，都是以屬牛為例的命名方式，可供參考。

例1

字	筆劃
1	
于	3
合	6
陞	15

4劃 陰火 正財

9劃 陽水

21劃 陽木 食神

16劃 陰土 正官

24 陰火 正財

例2

字	筆劃
1	
莊	13
豪	14
寬	15

14劃 陰火 正官

27劃 陽金

29劃 陽水 食神

16劃 陰土 正印

42 陰木 正財

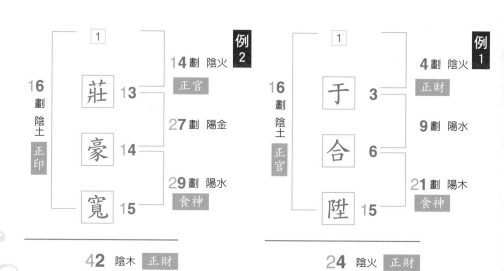

例3

1

詹 13 ── 14劃 陰火 正官

之 4 ── 17劃 陽金

亞 8 ── 22劃 陰木 正財

9劃 陽水 食神

25 陽土 偏印

例4

1

03 3 ── 4劃 陰火 正財

06 6 ── 9劃 陽水 正官

10 10 ── 16劃 陰土

11劃 陽木 食神

19 陽水 比肩

安全性高的其他命名格局

1

03 3 ── 4劃 陰火 偏印

03 3 ── 6劃 陰土 正官

08 8 ── 11劃 陽木

9劃 陽水 正財

14 陰火 偏印

1

03 3 ── 4劃 陰火 正官

04 4 ── 7劃 陽金 正官

10 10 ── 14劃 陰火

9劃 陽木 偏財

17 陰金 比肩

1

03 3 ── 4劃 陰火 正財

06 6 ── 9劃 陽水 偏財

07 7 ── 13劃 陽火

8劃 陰金 正印

16 陰土 正官

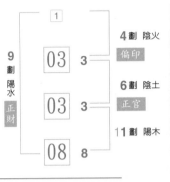

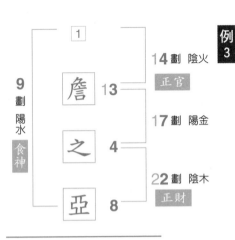

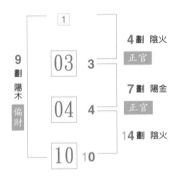

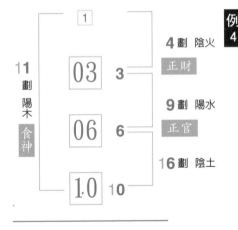

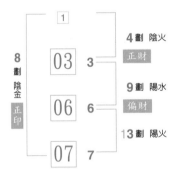

其中的數字「4」可以用14劃來代替，數字「3」可以用13劃來代替，數字「0」可以用10劃來代替，所以「3、3、8」和「3、13、8」都是一樣的格局。建議的組合為「3、13、8」「3、4、10」「3、14、10」「3、6、10」「3、6、7」姓氏是13劃的為「13、13、8」「13、4、10」「13、14、10」「13、6、10」「13、6、7」。

例如下列命名的圖例，都是以屬牛為例的命名方式，可供參考。

例1

	字	筆劃	
		1	14劃 陰火 偏印
9劃 陽水 正財	莫	13	26劃 陰土
	新	13	21劃 陽木 正官
	亞	8	

34 陰火 偏印

例2

	字	筆劃	
		1	14劃 陰火 正官
11劃 陽木 偏財	路	13	17劃 陽金
	少	4	14劃 陰火 正官
	軒	10	

27 陽金 比肩

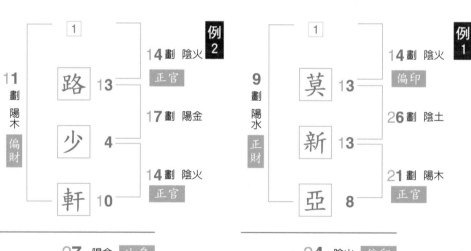

例 3

1

楚 13

羽 6

芳 10

14劃 陰火 正財

19劃 陽水

16劃 陰土 正官

11劃 陽木 食神

29 陽水 比肩

例 4

1

楊 13

伊 6

秀 7

14劃 陰火 正財

19劃 陽水

13劃 陽火 偏財

8劃 陰金 正印

26 陰土 正官

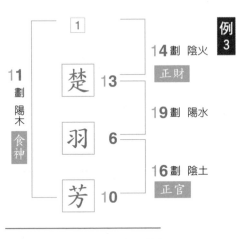

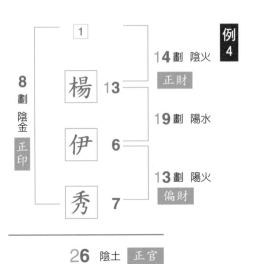

筆劃個位數特質是「4」

常見的姓氏中4劃的姓氏有：王（當姓是四劃，當名是五劃）、孔、毛、文、方、尤、牛、尹、元、卞、支、巴、仇、戈、公、井。14劃的姓氏有：連、廖、熊、華、管、趙、裴、甄、臧、郎、壽、郝、郤、翟、溫。

最安全的命名格局如下列各圖所示，這些格局是由「財、官、印」外加「食神」所組合而成，而陰陽的比例為3：2，五行的部分是「木、火、土、金、水」都有，是最四平八穩的格局。例如，新生孩子姓「方」，屬「牛」，在符合命名的注意事項下，命名為「方建泓」，如果姓氏是14劃的「溫」，屬「牛」，也是命名

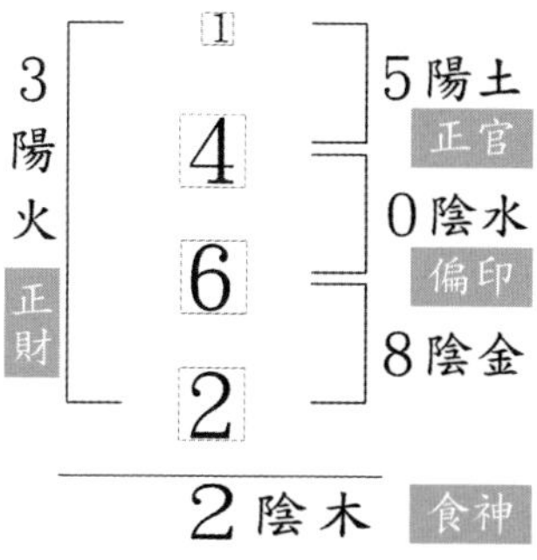

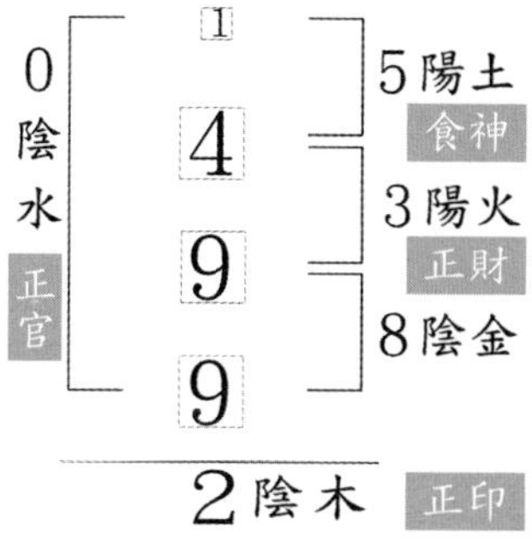

「建泓」，格局如圖所示，都是一樣的：其中數字「2」可以用12劃來代替，所以「4、6、2」和「4、6、12」都是一樣的格局。建議的組合為「4、9、9」「4、6、12」。姓氏是14劃的為「14、9、9」「14、6、12」，例如下列命名的圖例，都是以屬牛為例的命名方式，可供參考。

例1

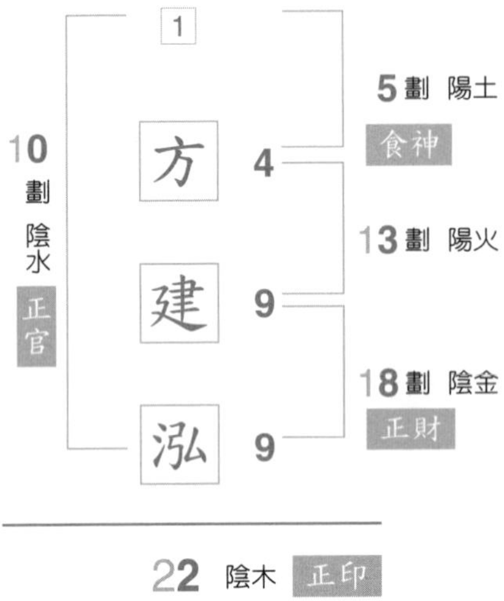

例2

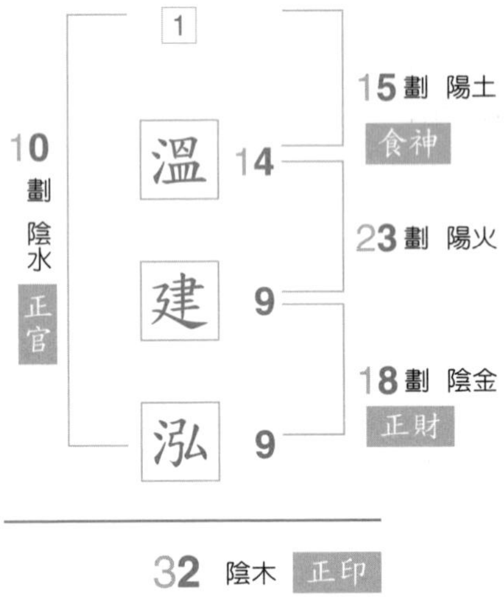

1
04　4
06　6
07　7

5劃 陽土 正官
10劃 陰水 正財
13劃 陽火
8劃 陰金 偏印

17 陽金 正印

建議的組合為「4、6、7」，姓氏是14劃的為「14、6、7」，例如下列命名的圖例，都是以屬牛為例的命名方式，可供參考。

例1

1
連　14
丞　6
博　12

15劃 陽土 正官
20劃 陰水
18劃 陰金 偏印
13劃 陽火 正財

32 陰木 食神

例2

1
連　14
字　6
宏　7

15劃 陽土 正官
20劃 陰水
13劃 陽火 正財
8劃 陰金 偏印

27 陽金 正印

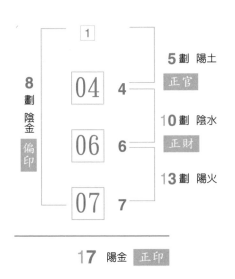

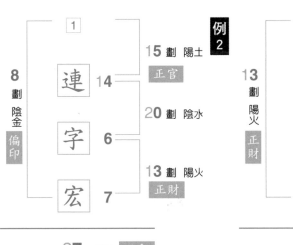

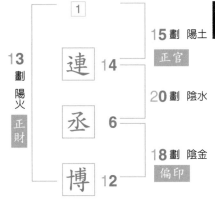

筆劃個位數特質是「5」

常見姓氏中有5劃的：石、甘、田、白、包、央、申、丘、皮、古、平、史、司、左、令、冉。15劃的：葉、閭、樊、褚、魯、劉、郭、歐、董、葛、萬、樂、談、厲、黎、滿、樓、衛。

最安全的命名格局如下列各圖所示，這些格局是由「財、官、印」外加「食神」所組合而成，而陰陽的比例為3：2，五行的部分是「木、火、土、金、水」都有，或是五行調配符合穩健的生剋，是最四平八穩的格局。

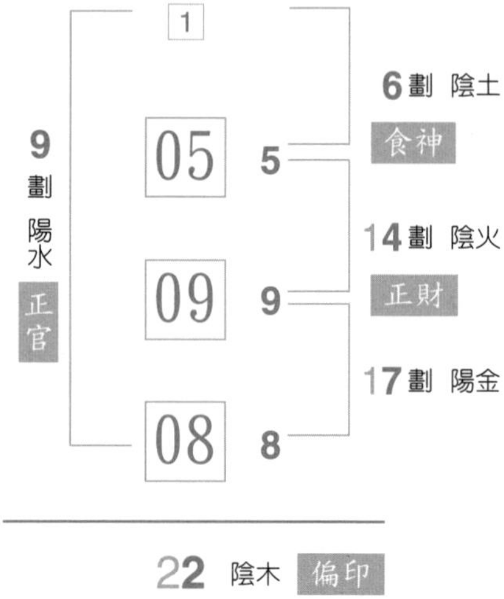

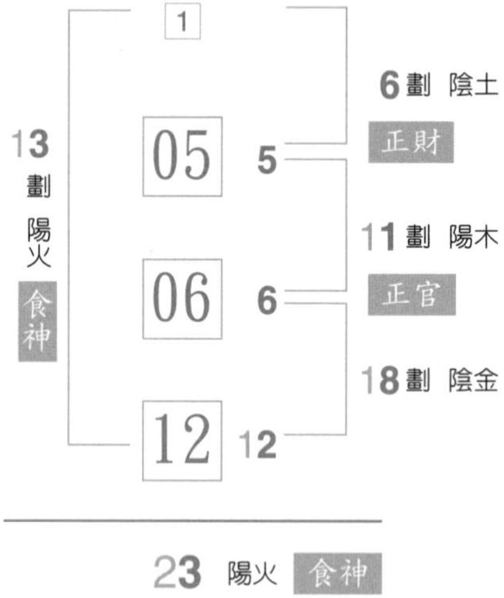

例如，新生孩子姓「甘」，屬「牛」，在符合命名的注意事項下，命名為「甘芊亞」，如果姓氏是15劃的「郭」，屬「牛」，也是命名「芊亞」，格局如圖所示都是一樣：其中的數字「2」，可以用12劃來代替，建議的組合為「5、9、8」「5、6、12」。姓氏是15劃的為「15、9、8」「15、6、12」。

例如下列命名的圖例，都是以屬牛為例的命名方式，可供參考。

例1

	字	筆劃	格
	1		6劃 陰土 食神
	田	5	14劃 陰火
9劃 陽水 正官	芊	9	17劃 陽金 正財
	亞	8	

22 陰木 偏印

例2

	字	筆劃	格
	1		16劃 陰土 食神
	郭	15	24劃 陰火
9劃 陽水 正官	芊	9	17劃 陽金 正財
	亞	8	

32 陰木 偏印

例 3

1

劉 15

合 6

富 12

13劃 陽火 食神

16劃 陰土 正財

21劃 陽木

18劃 正官 正官

33 陽火 食神

1

05 5

04 4

10 10

11劃 陽木 食神

6劃 陰土 正官

9劃 陽水 正財

14劃 陰火

19 陽水 比肩

1

05 5

03 3

10 10

11劃 陽木 正財

6劃 陰土 偏印

8劃 陰金 正官

13劃 陽火

18 陰金 比肩

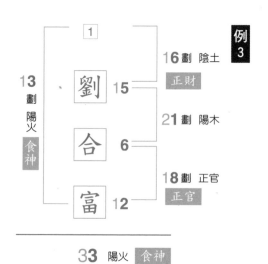

其中的數字「4」可以用14劃來代替，數字「3」可以用13劃來代替，數字「0」可以用10劃來代替，所以「5、3、10」和「5、13、10」都是一樣的格局。建議的組合為「5、3、0」「5、13、10」「5、4、10」「5、14、10」。姓氏是15劃的為「15、3、0」「15、13、10」，「15、4、10」「15、14、10」。

例如下列命名的圖例，都是以屬牛為例的命名方式，可供參考。

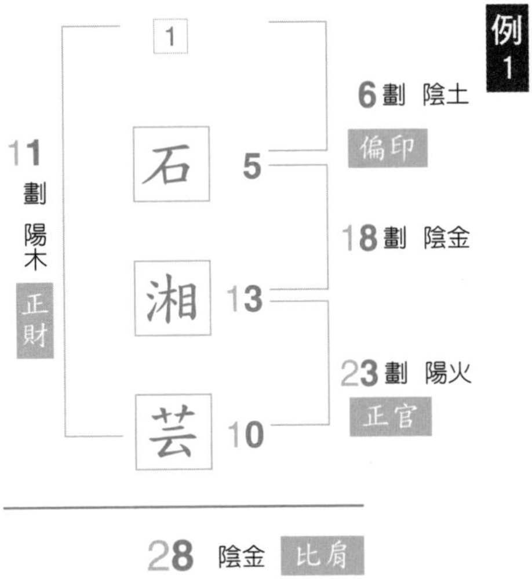

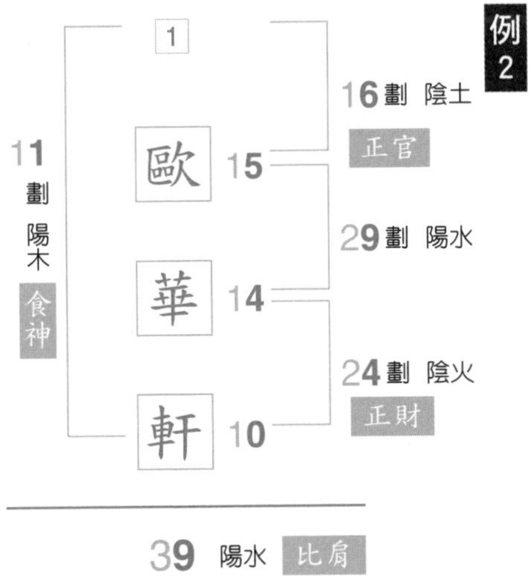

筆劃個位數特質是「6」

常見的姓氏中6劃的有：朴、朱、牟、伊、任、伍、米、安、羊、全、伏、危、后、百、戎、吉、向、年、仲、同、曲；16劃的姓氏有：陳、陶、陸、潘、盧、賴、穆、諸、閻、鮑、駱、錢、霍、龍、蒯。

最安全的命名格局如下列各圖所示，這些格局是由「財、官、印」外加「食神」所組合而成，而陰陽的比例為3：2，五行的部分是「木、火、土、金、水」都有，是最四平八穩的格局。

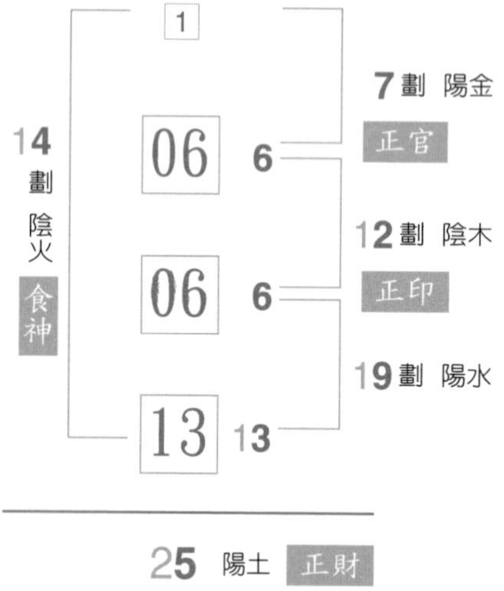

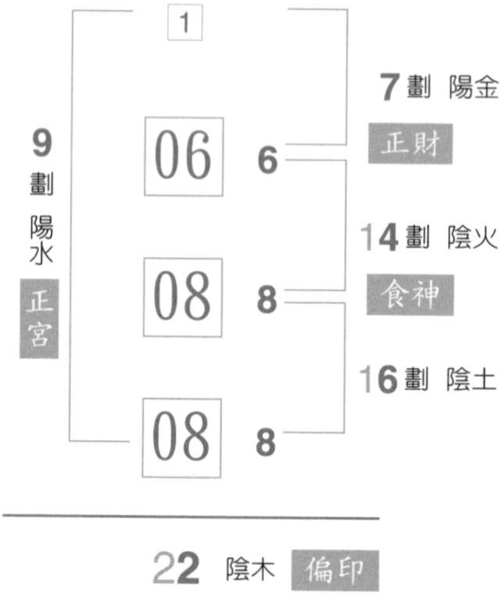

其中的數字「3」，可以用13劃來代替，建議的組合為「6、8、8」「6、6、13」，姓氏是16劃的為「16、8、8」「16、6、13」，例如下列命名的圖例，都是以屬牛為例的命名方式，可供參考。

例1

	筆劃	格數
1		17劃 陽金 正財
陳	16	24劃 陰火
佩	8	16劃 陰土 食神
宜	8	

外格：9劃 陽水 正官

總格：32 陰木 偏印

例2

	筆劃	格數
1		7劃 陽金 正財
朱	6	14劃 陰火
沛	8	16劃 陰土 食神
沂	8	

外格：9劃 陽水 正官

總格：22 陰木 偏印

例3

	筆劃	格數
1		7劃 陽金 正官
向	6	12劃 陰木
羽	6	19劃 陽水 正印
湘	13	

外格：14劃 陰火 食神

總格：25 陽土 正財

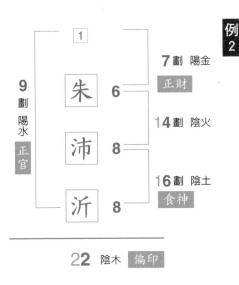

外格	字	劃數	格
	1		7劃 陽金 偏印
6劃 陰土 正官	06	6	9劃 陽水 正印
	03	3	8劃 陰金
	05	5	

14 陰火 正財

外格	字	劃數	格
	1		17劃 陽金 正官
14劃 陰火 食神	賴	16	22劃 陰木
	羽	6	19劃 陽水 正印
	湘	13	

35 陽土 正財

外格	字	劃數	格
	1		7劃 陽金 正印
5劃 陽土 正官	06	6	10劃 陰水 偏印
	04	4	8劃 陰金
	04	4	

14 陰火 偏財

外格	字	劃數	格
	1		7劃 陽金 正官
5劃 陽土 正財	06	6	12劃 陰木 偏印
	06	6	10劃 陰水
	04	4	

16 陰土 偏財

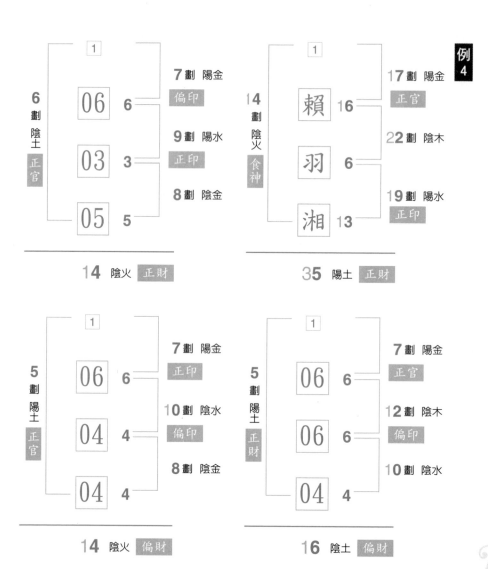

其中的數字「4」，可以用14劃來代替，數字「3」可以用13劃來代替，數字「5」可以用15劃來代替，所以「6、3、5」和「6、13、15」都是一樣的格局。建議的組合為「6、13、15」「6、14、14」「6、6、14」。姓氏是16劃的為「16、13、15」「16、14、14」「16、6、14」，例如下列命名的圖例，都是以屬牛為例的命名方式，可供參考。

例1

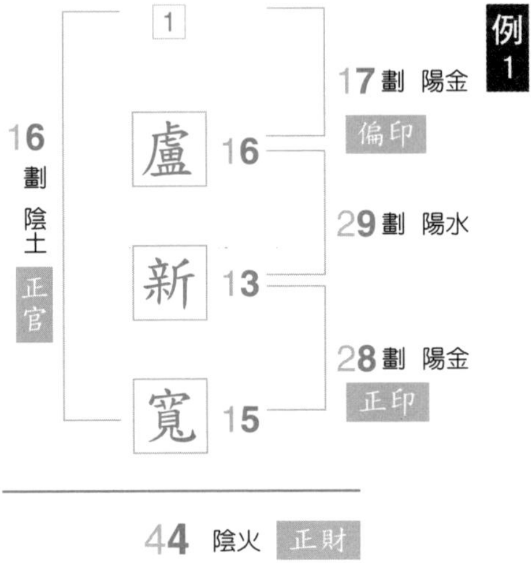

例 2

1		7劃 陽金 正印
朴	6	20劃 陰水
逢	14	28劃 陰金 偏印
華	14	

15劃 陽土 正官

34 陰火 偏財

例 3

1		17劃 陽金 正官
潘	16	22劃 陰木
羽	6	20劃 陰水 偏印
華	14	

15劃 陽土 正財

36 陰土 偏財

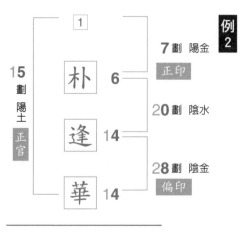

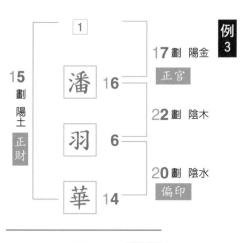

筆劃個位數特質是「7」

常見的姓氏中，7劃的有：李、吳、宋、杜、江、何、呂、余、辛、谷、巫、車、成、利、佟、甫、池、岑、良、君，17劃的姓氏有：蔣、蔚、鄒、蔡、謝、韓、陽、應、隆、鍾、隋、蒲。

最安全的命名格局如下列各圖所示，這些格局是由「財、官、印」外加「食神」或「比肩」所組合而成，而陰陽的比例為3：2，五行的部分是「木、火、土、金、水」都有，或是五行調配符合穩健的生剋，是最四平八穩的格局。

1	
07	7
06	6
09	9

8劃 陰金 正財
3劃 陽火 食神
5劃 陽土
10劃 陰水 正官
22 陰木 正印

1	
07	7
06	6
04	4

8劃 陰金 正財
13劃 陽火 正官
10劃 陰水
5劃 陽土 食神
17 陽金 偏財

1	
07	7
02	2
05	5

8劃 陰金 正財
9劃 陽水 偏印
7劃 陽金
6劃 陰土 正官
14 陰火 正財

其中的數字「4」可以用14劃來代替，數字「2」可以用12劃來代替，數字「5」可以用15劃來代替，所以「7、6、4」和「7、6、14」都是一樣的格局。建議的組合為「7、6、9」「7、6、14」「7、12、15」，姓氏是17劃的為「17、6、9」「17、6、14」「17、12、15」。

例如下列命名的圖例，都是以屬牛為例的命名方式，可供參考。

例1

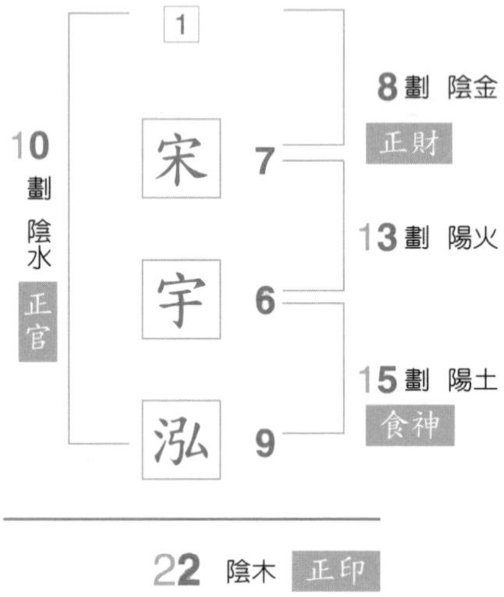

例2

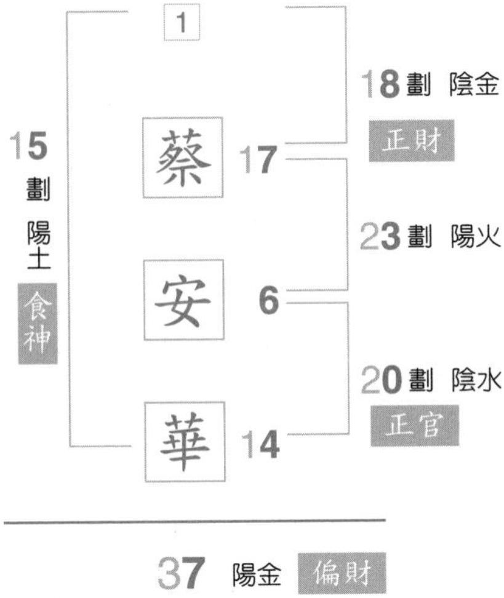
1
蔡 17
安 6
華 14
18劃 陰金
正財
23劃 陽火
20劃 陰水
正官
15劃 陽土
食神
37 陽金 偏財

例3

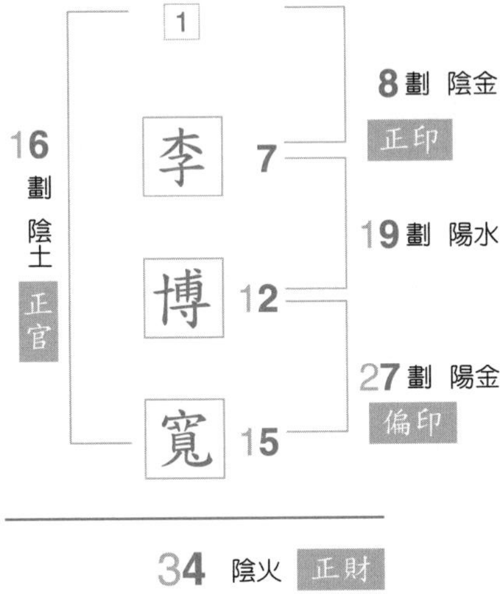
1
李 7
博 12
寬 15
8劃 陰金
正印
19劃 陽水
27劃 陽金
偏印
16劃 陰土
正官
34 陰火 正財

1

3 劃 陽火 食神	07	7	8 劃 陰金 正官
	04	4	11 劃 陽木 正財
	02	2	6 劃 陰土

13 陽火 食神

1

3 劃 陽火 正財	07	7	8 劃 陰金 偏印
	03	3	10 劃 陰水 正官
	02	2	5 劃 陽土

12 陰木 食神

1

6 劃 陰土 正財	07	7	8 劃 陰金 正官
	04	4	11 劃 陽木 偏印
	05	5	9 劃 陽水

16 陰土 正財

1

5 劃 陽土 正官	07	7	8 劃 陰金 偏印
	03	3	10 劃 陰水 正印
	04	4	7 劃 陽金

14 陰火 偏財

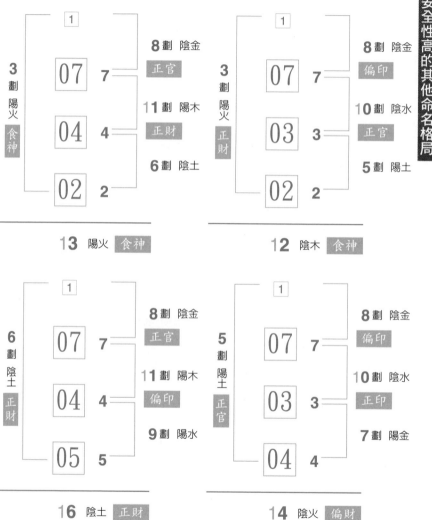

其中的數字「4」可以用14劃來代替，數字「2」可以用12劃來代替，數字「5」可以用15劃來代替，所以「7、6、4」和「7、6、14」都是一樣的格局。建議的組合為「7、6、9」「7、6、14」「7、12、15」，姓氏是17劃的為「17、6、9」「17、6、14」「17、12、15」。

例如下列命名的圖例，都是以屬牛為例的命名方式，可供參考。

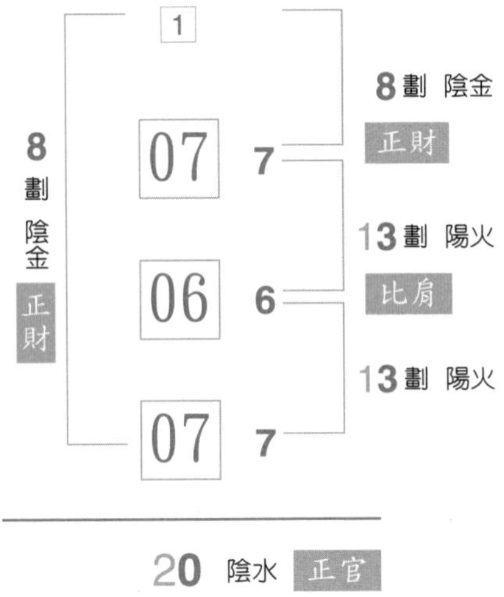

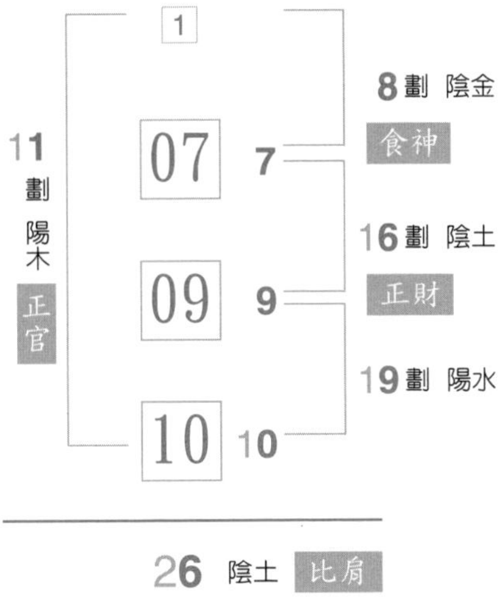

例1

1
江 7
新 13
閎 12

- 8劃 陰金 偏印
- 20劃 陰水
- 25劃 陽土 正官
- 13劃 陽火 正財

32 陰木 食神

例2

1
江 7
新 13
華 14

- 8劃 陰金 偏印
- 20劃 陰水
- 27劃 正印 正印
- 15劃 陽土 正官

34 陰火 偏財

例3

1
呂 7
華 14
博 12

- 8劃 陰金 正官
- 21劃 陽木
- 26劃 陰土 正財
- 13劃 陽火 食神

33 陽火 食神

例4

1
余 7
字 6
宏 7

- 8劃 陰金 正財
- 13劃 陽火
- 13劃 陽火 比肩
- 8劃 陰金 正財

20 陰水 正官

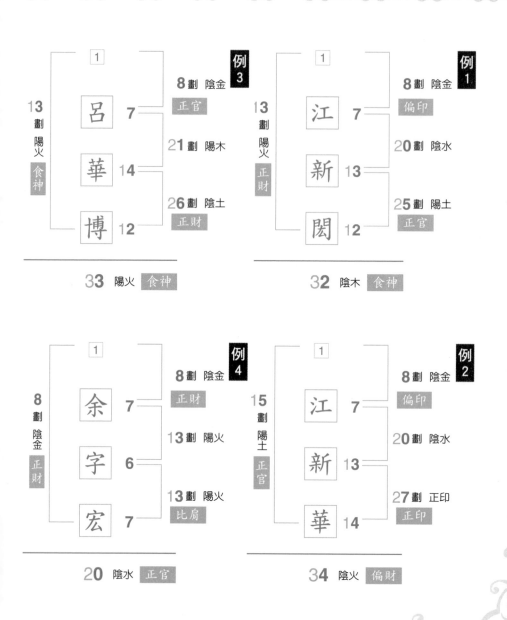

筆劃個位數特質是「8」

常見的姓氏中，8劃的姓氏有：林、周、汪、金、官、季、孟、岳、易、宗、沈、卓、狄、屈、杭、武、居、牧、幸、宓、和、呼、東，18劃的姓氏有：顏、魏、簡、闕、豐、聶、儲、鄒、戴、蕭。

最安全的命名格局如下列各圖所示，這些格局是由「財、官、印」外加「食神」或「比肩」所組合而成，而陰陽的比例為3：2，五行的部分是「木、火、土、金、水」都有，或是五行的調配符合穩健的生剋，是最四平八穩的格局。

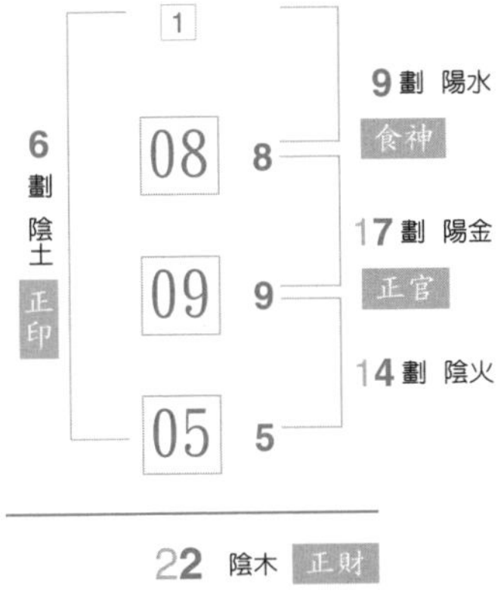

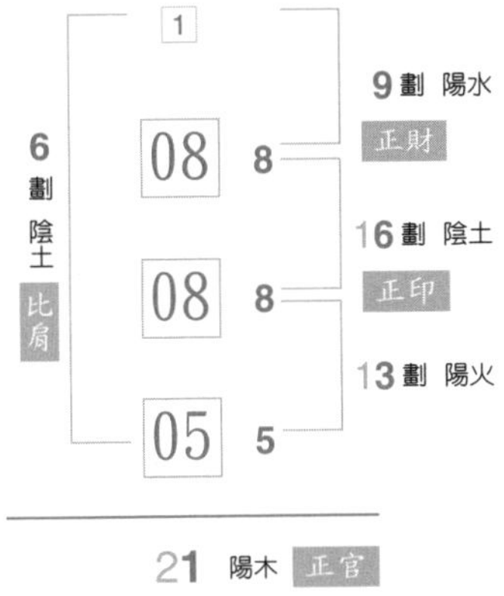

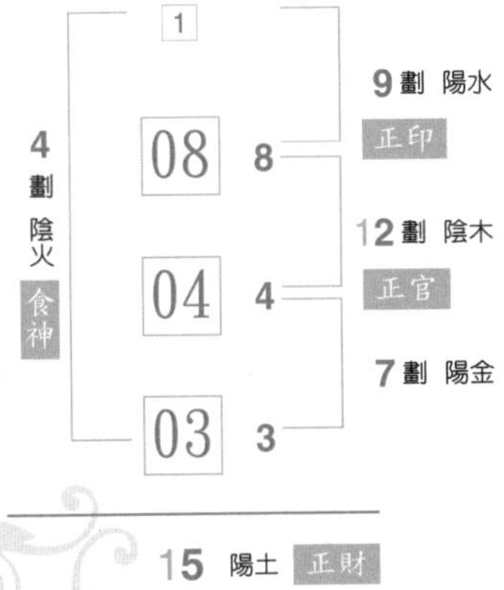

其中的數字「4」，可以用14劃來代替，數字「3」可以用13劃來代替，數字「5」可以用15劃來代替，所以「8、9、5」和「8、9、15」都是一樣的格局。建議的組合為「8、9、5」「8、9、15」，「8、8、5」，「8、8、15」，「8、4、13」，「8、14、13」。姓氏是18劃的為「18、9、5」，「18、9、15」，「18、8、5」，「18、8、15」，「18、4、13」，「18、14、13」，例如下列命名的圖例，都是以屬牛為例的命名方式，可供參考。

例1

1
林 8
建 9
寬 15

9劃 陽水 食神
17劃 陽金
24劃 陰火 正官
16劃 陰土 正印

32 陰木 正財

例2

1
林 8
定 8
寬 15

9劃 陽水 正財
16劃 陰土
23劃 陽火 正印
16劃 陰土 比肩

31 陽木 正官

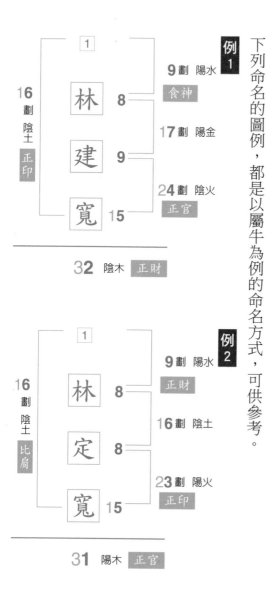

其中的數字「4」可以用14劃來代替，數字「3」可以用13劃來代替，數字「0」可以用10劃來代替，數字「5」可以用15劃來代替，所以「8、3、5」和「8、13、15」都是一樣的格局。建議的組合為「8、3、5」「8、3、15」，「8、13、15」「8、4、5」「8、4、15」「8、14、15」「8、8、10」「8、8、13」。姓氏是18劃的為「18、3、5」「18、3、15」「18、13、15」「18、4、5」「18、4、15」「18、14、15」「18、8、10」「18、8、13」。

例如下列以屬牛為例的命名方式，可參考：

1
08　8
03　3
05　5

6劃 陰土 正財

9劃 陽水 偏印
11劃 陽木 正官
8劃 陰金

16 陰土 正財

1
08　8
04　4
05　5

6劃 陰土 偏財

9劃 陽水 正印
12劃 陰木 正印
9劃 陽水

17 陽金 正官

1
08　8
08　8
10　10

11劃 陽木 正官

9劃 陽水 正財
16劃 陰土 食神
18劃 陰金

26 陰土 比肩

1
08　8
08　8
03　3

4劃 陰火 偏印

9劃 陽水 正財
16劃 陰土 正官
11劃 陽木

19 陽水 正財

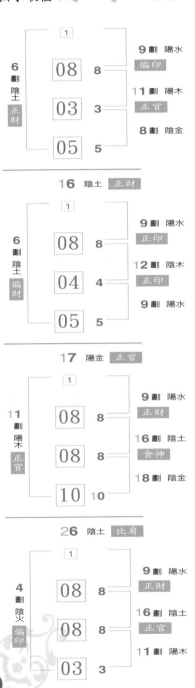

例1

1

周 8

新 13

逵 15

9劃 陽水 偏印

21劃 陽木

28劃 陰金 正官

16劃 陰土 正財

31 陰土 正財

例2

1

卓 8

亞 8

芝 10

9劃 陽水 正財

16劃 陰土

18劃 陰金 食神

16劃 陽木 正官

26 陰土 比肩

例3

1

簡 18

銘 14

寬 15

19劃 陽水 正印

32劃 陰木

29劃 陽水 正印

16劃 陰土 偏財

47 陽金 正官

例4

1

聶 18

秉 8

新 13

19劃 陽水 正財

26劃 陰土

21劃 陽木 正官

14劃 陰火 偏印

39 陽水 正財

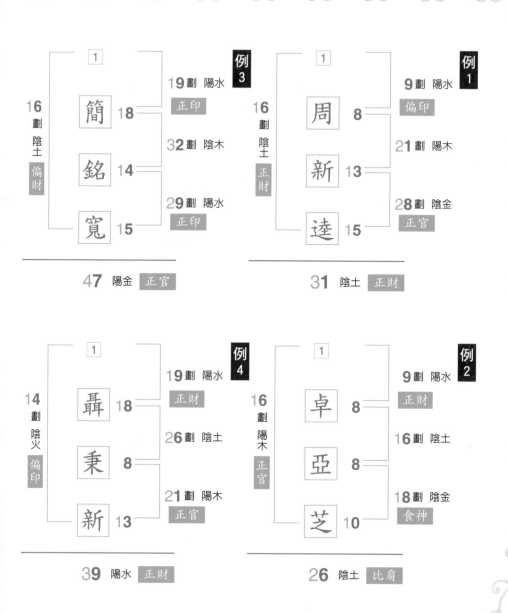

筆劃個位數特質是「9」

常見的9劃姓氏有俞、施、柯、段、涂、姚、姜、紀、韋、查、侯、柳、封、風、秋、咸、柏、羿、孤、紅、首、帥、哈、禹，19劃姓氏有鄭、鄧、薛、龐、譚、薄。

最安全的命名格局如下列各圖所示，這些格局是由「財、官、印」外加「食神」或「比肩」所組合而成，而陰陽的比例為3：2，五行的部分是「木、火、土、金、水」都有，或是五行的調配符合穩健的生剋，是最四平八穩的格局。

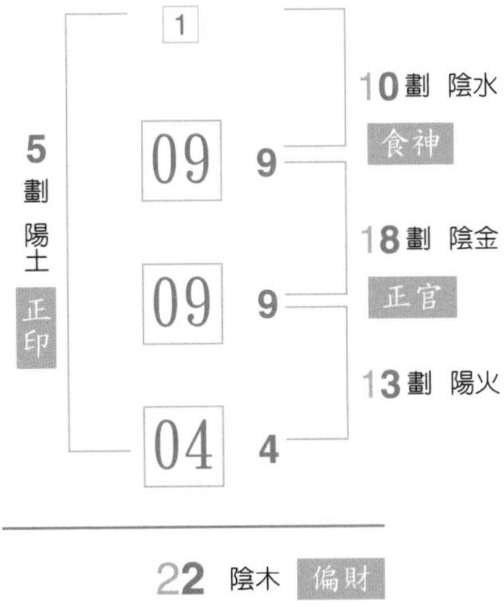

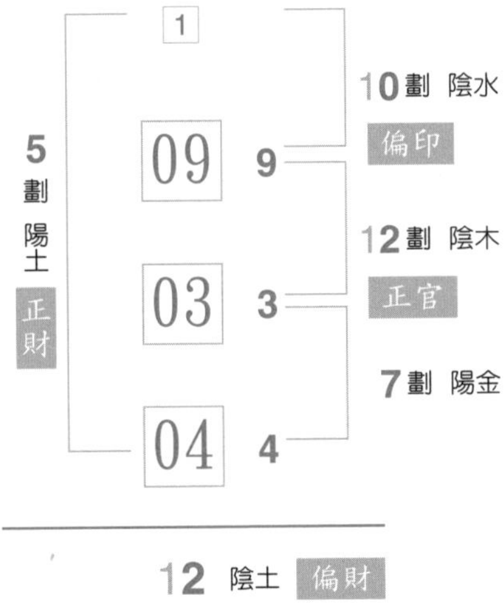

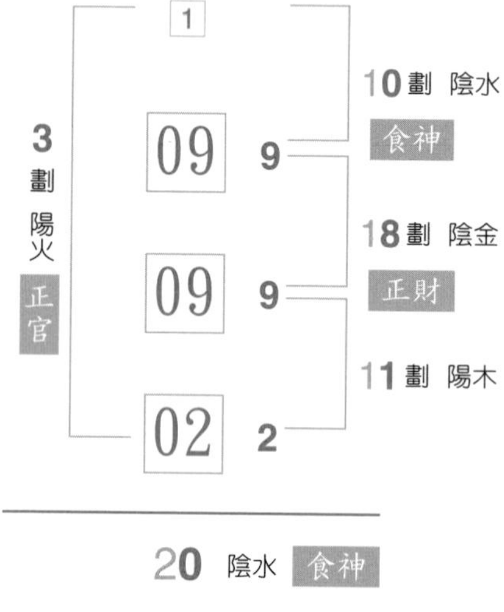

其中的數字「4」可以用14劃來代替，數字「3」可以用13劃來代替，數字「2」可以用12劃來代替，所以「9、3、4」和「9、13、14」都是一樣的格局。建議的組合為「9、9、14」「9、9、12」「9、3、4」「9、3、14」「9、13、14」。姓氏是19劃的為「9、9、14」「9、9、12」「9、3、4」「9、3、14」「9、13、14」。例如下列以屬牛為例的命名方式，可參考。

例1

	1		
15劃 陽土 正印	姜	9	10劃 陰水 食神
	建	9	18劃 陰金
	華	14	23劃 陽火 正官

32 陰木 偏財

例2

	1		
15劃 陽土 正財	鄭	19	20劃 陰水 偏印
	湘	13	32劃 陰木
	華	14	27劃 陽金 正官

46 陰土 偏財

例3

	1		
13劃 陽火 正官	柯	9	10劃 陰水 食神
	泓	9	18劃 陰金
	博	12	21劃 陽木 正財

30 陰水 食神

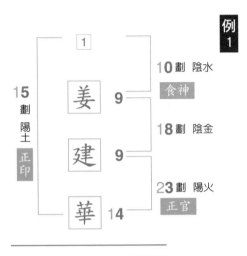

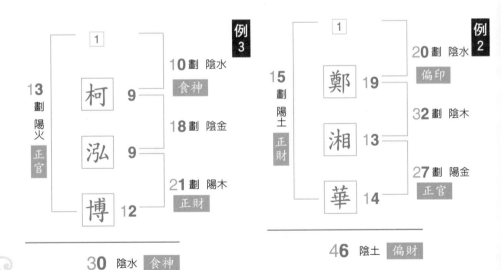

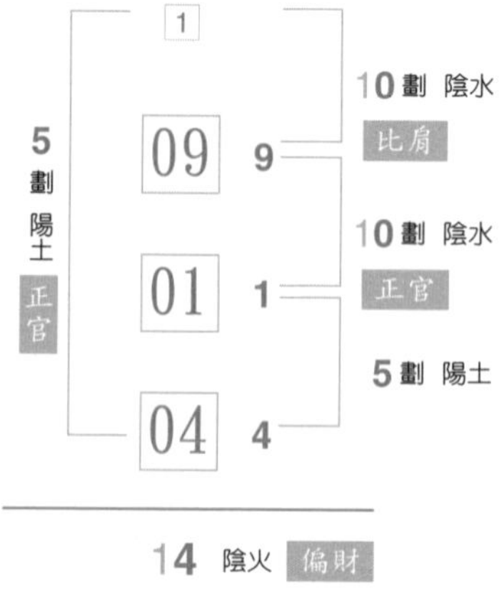

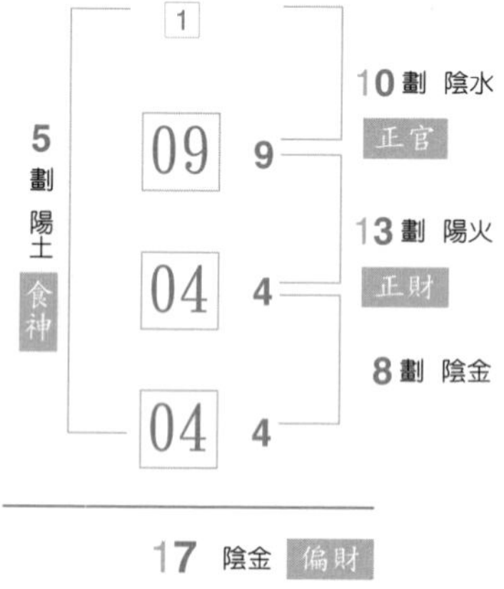

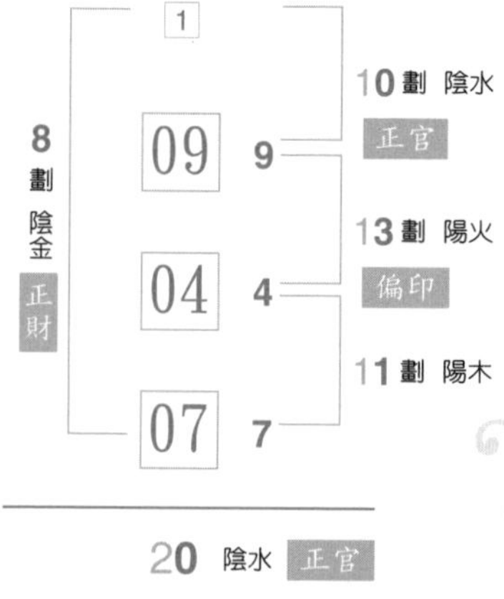

其中的數字「4」可以用14劃來代替，數字「1」可以用11劃來代替，所以「9、4、4」和「9、4、14」都是一樣的格局。建議的組合為「9、11、14」「9、14、14」「9、4、7」。姓氏是19劃的為「9、11、14」「9、14、14」「9、4、7」。例如下列以屬牛為例的命名方式，可參考。

例1

	1		10劃 陰水 比肩
15劃 陽土 正官	俞	9	20劃 陰水
	邦	11	25劃 陽土 正官
	華	14	

34 陰火 偏財

例2

	1		20劃 陰水 正官
15劃 陽土 食神	譚	19	33劃 陽水
	翠	14	28劃 陰金 正財
	華	14	

47 陽金 偏財

例3

	1		10劃 陰水 正官
8劃 陰金 正財	施	9	13劃 陽火
	少	4	11劃 陽木 偏印
	宏	7	

20 陰水 正官

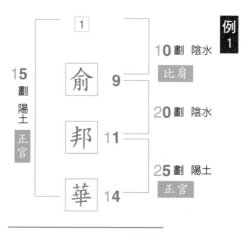

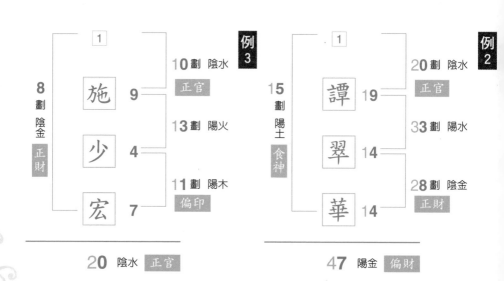

筆劃個位數特質是「0」

常見的姓氏中10劃的姓氏有：倪、秦、晉、袁、夏、翁、洪、高、花、徐、殷、孫、祖、凌、席、班、宮、烏、貢、祝、家、恥、馬、留、晏、宰、奚、耿、城、柴、皇、畢、唐。20劃的姓氏有：嚴、鐘、藍、羅、覺。

最安全的命名格局如下列各圖所示，這些格局是由「財、官、印」外加「食神」或「比肩」所組合而成，而陰陽的比例為3：2，五行的部分是「木、火、土、金、水」都有，或是五行的調配符合穩健的生剋，是最四平八穩的格局：

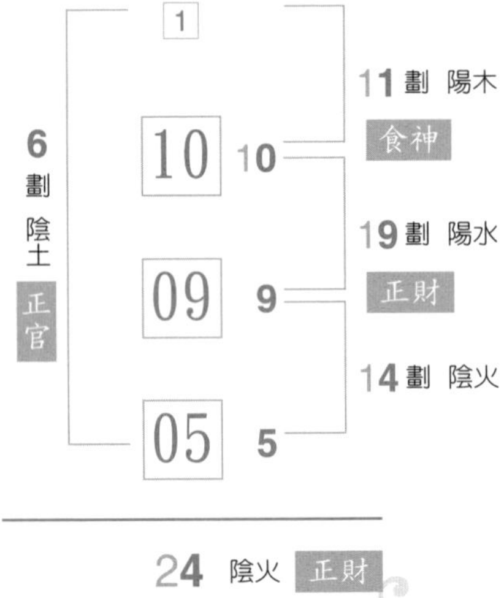

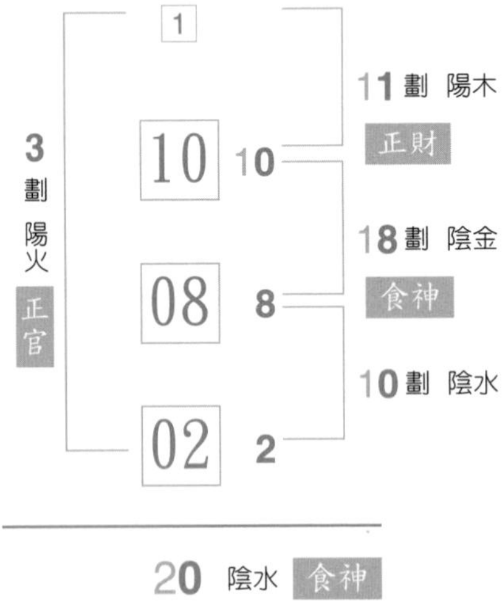

其中的數字「5」可以用15劃來代替，數字「2」可以用12劃來代替，數字「3」可以用13劃來代替，所以「10、9、5」和「10、9、15」都是一樣的格局。建議的組合為「10、9、5」「10、9、15」「10、8、12」「10、6、13」。姓氏是20劃的為「20、9、5」「20、9、15」「20、8、12」「20、6、13」。

例如下列以屬牛為例的命名方式，可參考。

例1

	1	11劃 陽木 正官
10	10	16劃 陰土 正財
06	6	9劃 陽水
03	3	

4劃 陰火 偏印

19 陽水 正財

	1	11劃 陽木 食神
洪	10	19劃 陽水
建	9	24劃 陰火 正財
陞	15	

16劃 陰土 正官

34 陰火 正財

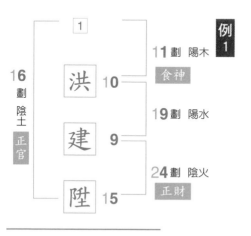

例2

1

嚴 20

秉 8

富 12

13劃 陽火 正官

21劃 陽木 正財

28劃 陰金

20劃 陰木 食神

40 陰水 食神

例3

1

高 10

宇 6

新 13

4劃 陰火 偏印

11劃 陽木 正官

16劃 陰土

19劃 陽水 正財

29 陽水 正財

安全性高的其他命名格局

1

10 10

03 3

07 7

8劃 陰金 正財

11劃 陽木 偏印

13劃 陽火 正官

10劃 陰水

20 陰水 正官

1

10 10

06 6

08 8

9劃 陽水 正財

11劃 陽木 正官

16劃 陰土 偏印

14劃 陰火

24 陰火 偏印

1

10 10

08 8

05 5

6劃 陰土 偏印

11劃 陽木 正財

18劃 陰金 正官

13劃 陽火

23 陽火 正官

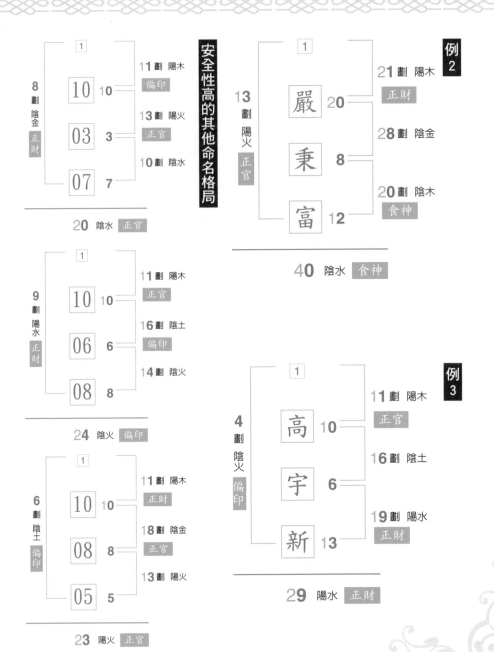

其中的數字「3」可以用13劃來代替，數字「5」可以用15劃來代替，所以「10、3、7」和「10、13、7」都是一樣的格局。建議的組合為「10、13、7」「10、6、7」「10、6、8」「10、8、15」。姓氏是20劃的為「10、13、7」「10、6、7」「10、6、8」「10、8、15」。例如下列以屬牛為例的命名方式，可參考。

例1

外格	姓名	筆劃	格
	1		
9劃 陽水 正財	鐘	20	21劃 陽木 正官
	安	6	26劃 陰土
	亞	8	14劃 陰火 偏印

34 陰火 偏印

例2

外格	姓名	筆劃	格
	1		
8劃 陰金 正財	倪	10	11劃 陽木 偏印
	新	13	23劃 陽火
	宏	7	20劃 陰火 正官

30 陰水 正官

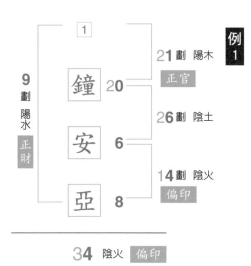

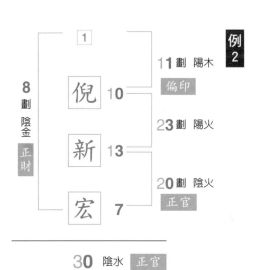

對父母有幫助的姓名格局

俗語說：「娶某前，生仔後。」運氣最旺，我認為孩子的名字好，才能真正把好運、旺氣帶到周圍。藝人曾國城的兒子，取名「曾元德」就是一個好名實例，如圖所示「財」「官」「印」都有，而且「元」和「德」也很適合所屬的生肖。讀者不必誤會，這個名字不是我命名的，但是取得好，我一樣喝采。

另外，本書的推薦者、前職棒選手、現為Limigo的教練－曾豪駒，報紙就曾報導他改名後運勢不錯。沒改名前他叫曾恆彰，當時LaNew熊職棒選手的他，因受傷一度下放到二軍，改名後除重回一軍外，也較少發生受傷狀況。

曾豪駒的女兒叫「曾維緹」，各位有沒有發現，這三個名字的格局一模一樣，可見小孩名字取的好，是可以幫助父母的。

有些命理師會拿小孩的八字解釋，而影響到父母與小孩之間的良好關係，使父母對小孩的觀感不佳，要知道同命不同運，就算小孩的八字不好又如何，我一樣有信心給個皇帝運，就像朱元璋一樣－「乞丐命皇帝運」，人生是彩色的，前途無限。我最後再次提醒，千萬不可因小孩先天八字而任意放棄小孩，一旦放棄小孩，父母的運勢才會不好。

16劃 陰土 比肩	1		
	曾	12	13劃 陽火 正印
	元	4	16劃 陰土
	德	15	19劃 陽水 正財

31 陽木 正官

16劃 陰土 比肩	1		
	曾	12	13劃 陽火 正印
	維	14	26劃 陰土
	緹	15	29劃 陽水 正財

41 陽木 正官

16劃 陰土 比肩	1		
	曾	12	13劃 陽火 正印
	豪	14	26劃 陰土
	駒	15	29劃 陽水 正財

41 陽木 正官

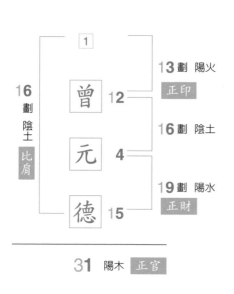

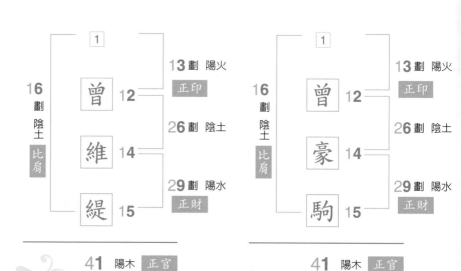

適合創業的姓名格局

有兩個或兩個以上「財」格局的孩子，將來創業機率會比沒有財的孩子高。兩個或兩個以上「財」的格局稱為多財，多財分成正財多或偏財多或劫財多，或正財加偏財、正財加劫財、偏財加劫財、正財加偏財加劫財等，如果全部都是財，沒有任合其他格局來搭配的話，會是一個很好的投資者，基本上正財及偏財要占大多數才好，劫財絕對不能多。例如，統一的高清愿先生，投資便利商店「7－11」前十年都沒賺錢，甚至虧損，直到社會生活型態改變，而營業時間也從早上七點到晚上十一點改為二十四小時，開店數突破一千家時才開始賺錢。

不過也因為全部都是財，沒有其他格局來配，尤其是「官」，受到周遭環境的影響就很大。例如，統一所做的事業都是以循環需求性為主。

多財如果配合其他的格局，工作事業的選擇範圍就會比較大，其中又以「官」的格局最重要，當然還是以「正官」或「偏官」為最好，「傷官」則是最不理想的搭配。而「比肩」又比「食神」好，不過不管搭配任何格局，只要是多財的格局，基本上，想要創業的念頭，就會比一般沒有財或單財格局的人來得高，真的跑去創業的機率更高。

總之，姓名格局中，財多格局的人在他的一生中，只要有機會，是不會輕易放棄任何創業的可能，而這種機會也真不少。

至於多財的人，如果其中有一個有劫財的話，最好不要在本命的位置（總格），這樣創業雖還是會有成功的機率，但是會辛苦勞碌一點，而且官訟口舌是非的機會非常多，一旦事業版圖大的時候，公司內外的糾紛也會比沒有劫財的人多。

例如，郭台銘和王永慶先生的格局，都是多財帶劫財，而且兩個人的格局嚴格來說幾乎一模一樣，各位可以對照一下，兩位的事業個性，真的幾乎一模一樣。

外格	姓名	筆劃	格局
15劃 陽土 正官	1		16劃 陰土 偏官（七殺）
	郭	15	20劃 陰水
	台	5	19劃 陽水 劫財
	銘	14	
			34 陰火 偏財

外格	姓名	筆劃	格局
16劃 陰土 正官	1		5劃 陽土 偏官（七殺）
	王	4	9劃 陽水
	永	5	20劃 陰水 劫財
	慶	15	
			24 陰火 正財

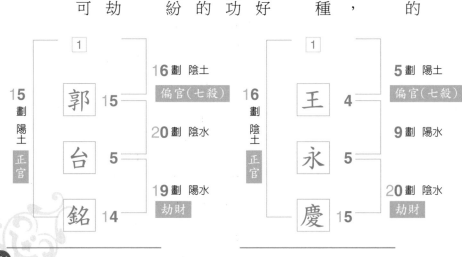

沒安全感的姓名格局

姓名格局中「無官」的小孩，個性上產生沒安全感的機率很大。容易受到周遭環境影響，有時給予別人凡事無關緊要，自然看不出積極的態度。但也因為沒有太多主觀意識，未來在工作職場上，適合在團體中，和別人一起群策群力，一起規劃、一起執行，加入團隊會比單打獨鬥的力量強上許多。

若要創業，合夥的成功機率，比自己單獨創業的高。在經營事業上，幾乎不曾有一意孤行的時候，只要合夥經營團隊堅強，一樣也能有事業的高峰，格局中若有「財（正財、偏財都好）」來搭配，穩定度更持久。如華碩董事長施崇棠先生，擁有兩個財，雖無官，但華碩是以群策群力為主的公司，所以經營穩健。

如果姓名格局中搭配到「劫財」，就要非常小心所處的局勢。因為經常會在瞬息萬變，事業跟著顛簸起伏，往往一朝起一夕落，尤其男生易有爛桃花或緋聞，進而影響事業穩定性。

1

施 9

崇 11

棠 12

10劃 陰水 比肩

20劃 陰水

23劃 陽火 正財

13劃 陽火 正財

32 陰木 食神

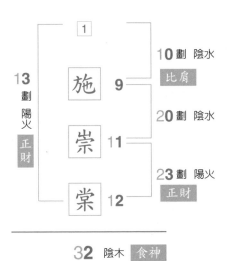

人際關係良好的姓名格局

姓名對於桃花（異性緣）婚姻的運勢，有絕對的影響力。孩子長大後的桃花婚姻運勢，在命名的時候就訂了下來，所以命名時，一不小心就可能會影響孩子長大以後人際關係和婚姻。筆者就常看到在先天八字中，有好老公、好老婆命格的人，卻因為姓名的桃花格局不好，而造成擦身而過的結果。所以在姓名格局當中，桃花的選項也是重要的一環。

男孩子和女孩子，在姓名學裡對於桃花的選項是不一樣的。**男孩子的名字格局中，要有「財」才容易有異性緣。**古時候的男生「財」多，才能養得起老婆，娶三妻四妾，所以男生名字格局中多「財」，就會多桃花。男孩子的桃花是多還是少，是好桃花還是爛桃花，也要看姓名格局中六神的「財」。財有「正財」、「偏財」以及「劫財」，舉例來說，藝人小豬的本名是「羅志祥」，四個宮位都是「財」，所以進入演藝圈後，人際關係不錯，觀眾緣也很好。

女孩子的名字格局，要有「官」，異性桃花緣才會旺盛。古時候的女生不能做官，唯一「做官」的時候，就是出嫁時頭戴鳳「冠」，身穿霞帔，女孩子桃花是多還是少，是好桃花還是爛桃花，要看姓名格局中六神的「官」。官有「正官」、「偏官」以及「傷官」。在演藝圈中，姓名格局有「官」的女藝人，比沒有「官」的女藝人，比較不會被遺忘。像張艾嘉、李心潔、蔡依林、劉若英，名字中都帶有三個或以上的「官」，自然桃花旺旺、觀眾緣佳。而沒有官的女藝人，在表演上，必須獨樹一格，走一般人沒有走過的路，行事風格要另類，不斷製造話題才行。還必須要努力培養實力，否則一旦話題新聞不再有時，很快就被人所遺忘。

1
羅 20
志 7
祥 11

21劃 陽木 偏財
27劃 陽金
18劃 陰金 劫財
12劃 陽火 正財

38 陰金 劫財

1
張 11
艾 8
嘉 14

12劃 陰木 傷官
19劃 陽水
22劃 陰木 傷官
15劃 陽土 偏官（七殺）

33 陽火 偏財

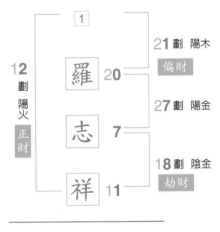

女孩子的姓名桃花格局對應表

一切以人格「尾數的數字」為基準

當1:4、2:3、3:6、4:5、5:8、6:7、7:0、8:9、9:2、0:1時為「傷官」（異屬性之我生）

當1:7、2:8、3:9、4:0、5:1、6:2、7:3、8:4、9:5、0:6時為「七殺」（異屬性之我生）

當1:8、2:7、3:0、4:9、5:2、6:4、7:4、8:3、9:6、0:5時為「正官」（異屬性之我生）

女孩子姓名中有「正官」的，好桃花指數高。女孩子若單純只有此對應關係，愛情對象好、桃花多、好對象容易出現，婚姻較易幸福。若是有兩個以上格局對應，那可要傷腦筋，因為追求者可不只一位，而且條件都不會太差，不過女生自己容易放不開，錯失許多機會，如果分手或離婚，多半是自己想太多，或是對男生要求過高，姓名流年不好等等原因。

女孩子姓名中有「偏官七殺」，外桃花指數高。愛情較為執著、一旦認定對象便會死心塌地，不會在意外人眼光，婚姻要看男方，變數最大。若有兩個以上格局對應，女生變為固執，不聽勸告的機率升高，不理性的舉動增高，三角戀愛機率大，婚後家中大小事務較容易全攬。

女孩子姓名中有「傷官」的，爛桃花指數高。桃花劫殺傷力最大，愛情對象爛桃花居多，容易分手或吵架離婚。如果傷官兩個或以上，而且五行中的元素高達三個以上，真的要特別注意感情上的處理能力，否則一旦想不開，後果很嚴重。

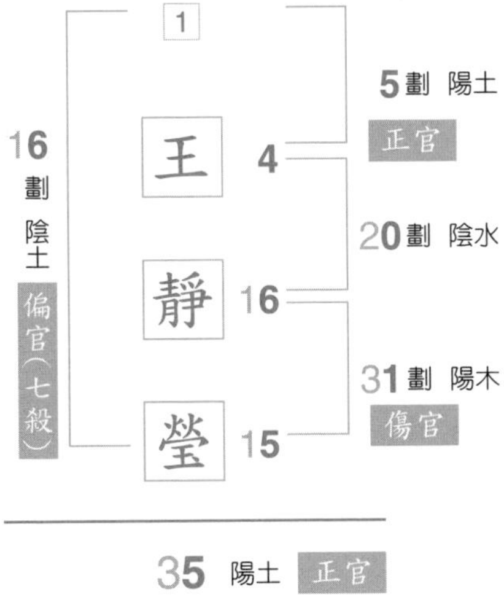

多官的女孩子感情最煩惱，如果有一個以上可以對應的宮位，那麼代表桃花非常的旺盛，追求的對象很多，容易陷入感情的漩渦。因為對象太多，反而害怕婚姻之路，等到年過三十，心理空虛時，又容易陷入愛情夢，若是正官，傷官，偏官七殺並存二個的人，桃花比一般女孩子多四倍，如果有三個官，桃花的旺盛是一般女孩子的九倍，而四宮全部都是官的女孩子，則是桃花滿天下，一輩子的桃花運是別的女孩子的十六倍之多。

但是正官多還好，若是有了傷官，感情路難走，傷官兩個以上，有兩次婚姻者

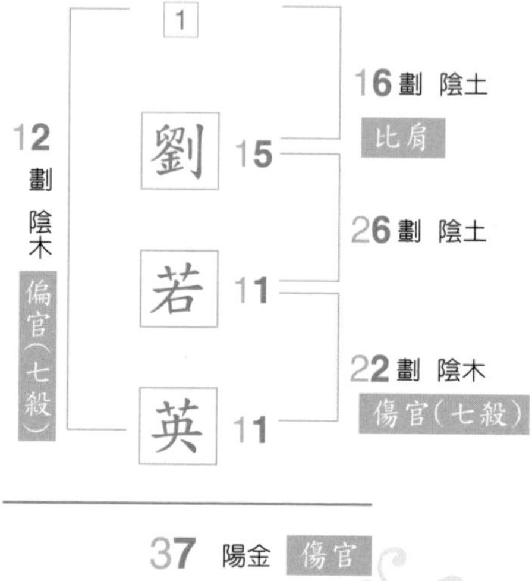

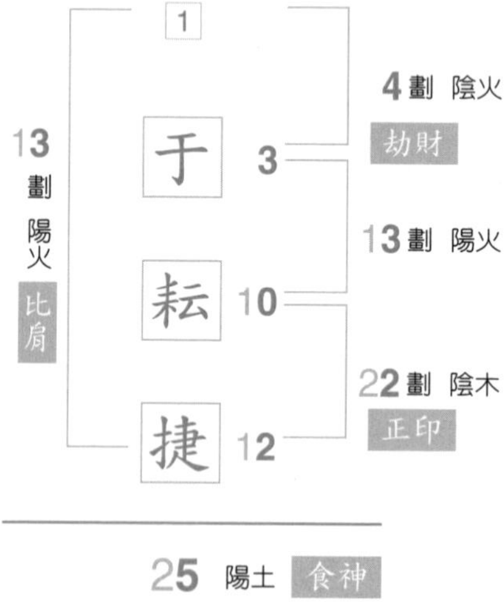

不在少數，這樣的名字再搭配不錯的身材以及才華，走演藝事業會有不錯成績，但感情的空虛無奈也最深，就算是名花有主，結婚再久，依舊追求者滿天下，人生最大的課題，非感情莫屬，而且單打獨鬥，孤軍奮戰的機率很大，建議女孩子不要有這樣的姓名格局。

無官的女孩子最無奈，**如果都沒有任何的官，那麼代表桃花運勢比較弱**，單戀程度高，容易形成單線式愛情，常會感慨長得不錯為何沒人追，比較不容易結婚。若結婚的話，婚姻對象以自己主動居多，無官的女孩子，勇於追求自己當下所渴望的愛情，別人不看好的婚姻，一樣會非常投入，但是也最沒有安全感，一旦結婚容易聚少離多，女孩子負擔家計的機率非常大，就算婚姻真的出問題，已經與男方分隔兩地，仍然會維持表面的婚姻，如果在衰、病、死、絕四個流年運結婚，當年的生肖又對沖本身的生肖的話，離婚的機率會升高不少。

男孩子的姓名桃花格局對應表

一切以人格「尾數的數字」為基準

當1:2、2:2、3:4、4:3、5:6、6:5、7:8、8:7、9:0、0:9時為「劫財」（異屬性之我生）

當1:5、2:6、3:7、4:8、5:9、6:0、7:1、8:2、9:3、0:4時為「偏財」（異屬性之我生）

當1:6、2:5、3:8、4:7、5:0、6:9、7:2、8:1、9:4、0:3時為「正財」（異屬性之我生）

男孩子姓名中有「正財」的，好桃花指數高。好對象容易出現，婚姻較易幸福。若是有兩個以上格局對應，那受歡迎的程度很高，而且若有博愛指數相助，更是桃花處處開，不會缺乏戀愛對象。男孩子姓名中有「偏財」的，喜歡憑瞬間的悸動行事，若有博愛指數相助的話，更不會缺乏戀愛對象，但有「正官」搭配的話，會比一般人多一點創業機會。

男孩子姓名中有「劫財」的，愛情對象爛桃花居多，多半付出心血沒有回應，而且容易分手，並且金錢上容易損失。最好不要進出風花雪月的場所，煙花女子容易吸引有劫財格局的人，因此吵架離婚機率大，而且若有博愛指數相助，更是容易散盡家產，被認為是敗家子。

「無財」的男孩子最辛苦，桃花少、對象不多，心儀的人選多半已名花有主。單戀程度高，容易形成單線式愛情，常感慨為何追不上，而且因為個性上較喜歡隨緣，不夠積極，所以比較不容易結婚，一旦有女朋友或者結婚，會把女生捧在手心上疼惜，是個好男人、好老公。通常無財的男生可以透過相親或朋友介紹、聯誼，並且要用耐心毅力去追求對象。

「多財」的男孩子桃花非常旺盛，對象很多，容易吸引女人注目，甚至女追男的事情也

1
周 8
杰 8
倫 10

9劃 陽水 正財
16劃 陰土
18劃 陰金 食神
11劃 陽木 正官

26 陰土 比肩

1
謝 17
霆 15
鋒 15

18劃 陰金 偏官（七殺）
32劃 陰木
30劃 陰水 偏印
16劃 陰土 偏財

47 陽金 正官

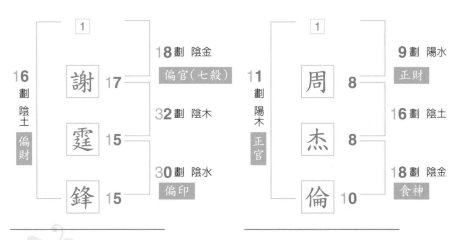

會發生，享齊人之福的機會很高。有這樣格局的男孩子，往演藝事業會有不錯成績，結婚再久依舊有女生會心儀，感情的忠誠度可要百分之百的堅定，才能免於陷入感情的漩渦，人生的課題，可不是只有男女關係哦！

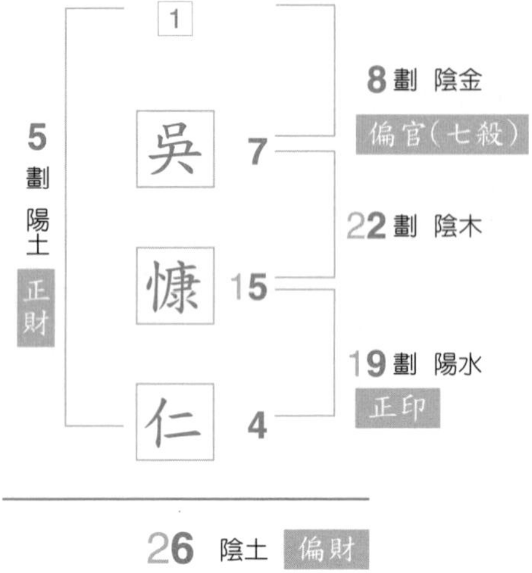

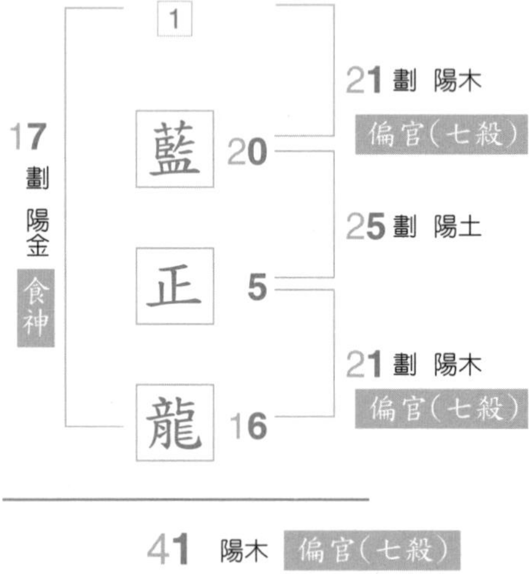

注重平等、互相重視的姓名格局

通常在姓名格局裡，「比肩」過多的孩子，在個性上容易愛計較，追求公平的心態濃厚，從玩具到吃飯，延伸到學校老師對所有同學的態度，都會要求公平對待。

如果家中有兩個孩子，只要其中一個有此格局，都會要求公平，一定會為公平吵翻天，所以買玩具要雙份，出去玩一定要參與，衣服不能只買其中一個孩子的，花錢也要公平。

另外，就是不能得罪，否則他可能會記上一輩子。不小心得罪了「比肩」孩子，小心被列入拒絕往來戶。

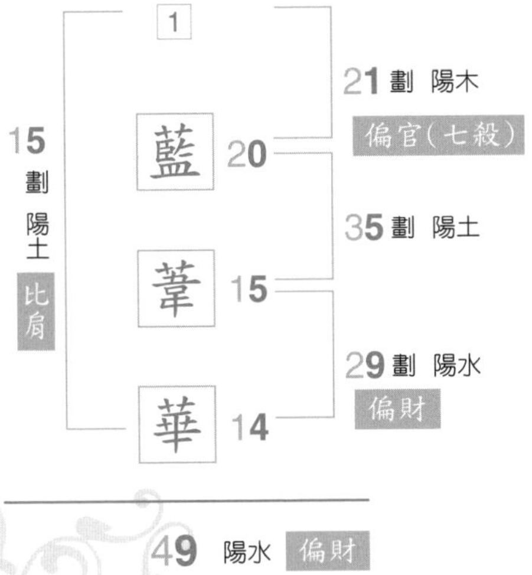

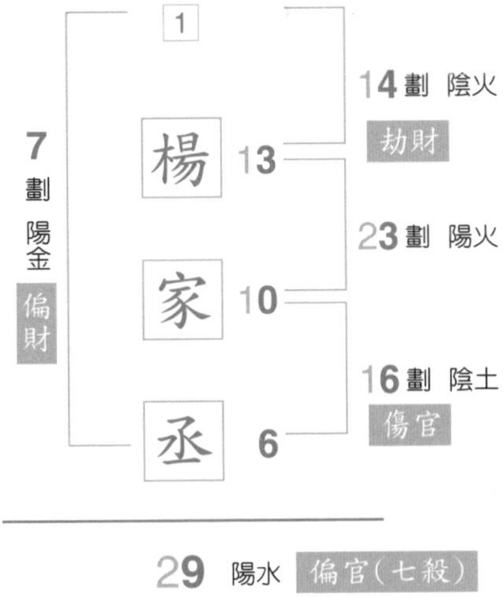

學習力強的姓名格局

在姓名格局中，只要五格的五行有「土」的孩子，基本上學習能力不會太差。但是，格局中如果搭配「傷官」的話，會形成很有才華，學藝不精的狀況，也就是容易有半途而廢的現象。

而「無官」的格局，則是在學習過程裡，容易受到周遭同學的影響，比較沒主見，而搭配「偏官七殺」的孩子，只要想學的東西，一定學到底不會放棄，可是不想學的部分，就算父母逼迫也不會去學，不然就敷衍了事，讓父母自動放棄。

1
嚴 20
藝 21
文 4

21劃 陽木 比肩
41劃 陽木
25劃 陽土 偏財
5劃 陽土 偏財

45 陽土 偏財

1
吳 7
若 11
湄 13

8劃 陰金 比肩
18劃 陰金
24劃 陰火 偏官(七殺)
14劃 陰火 偏財(七殺)

31 陽木 正財

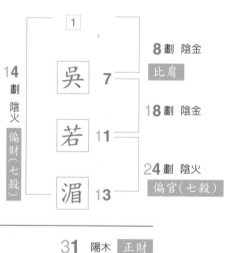

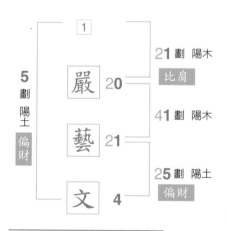

最好能搭配「正官」，才能將「土」的學習力發揮到最大。有人問先天八字有文昌、學堂的人，沒有「土」不是一樣念書念得不錯。筆者研究發現，如果有「土」的孩子在學習過程中領悟力較高，同樣的，先天八字中，姓名格局中有土的孩子，會比沒有土的孩子反應力及領悟速度方面都來得快，也就是事半功倍的效果。所以想要讓孩子在學習的過程中，比別的孩子學習快，姓名格局中的「土」就很重要。

盡量要避免的姓名格局

小人是非波折不斷的格局

即「傷官」加「劫財」姓名格局。付出比人多，收穫少的可憐。甚至常曇花一現，有時賺的都不夠下次賠。容易被利用，也容易在工作或事業上走偏門，遊走法律邊緣。如果安分守己，或許平安度過，但如果企圖心太旺盛，官司訴訟避免不了。這種格局還有一種特殊現象，就是會不斷引誘人想要成功的慾望，另外，有這種格局的人多半是一種想要成功給別人看，也因為這種不想人看扁的心態，一旦有機會都會把握。至於機會是好是壞，就無法去分析了，所以才會容易是非波折不斷。這種格局創業會比較困難，容易失敗，如果是守成家業，只要身邊幕僚夠強，本人能忍住衝動，還是能有一番作為的。如果傷官又落在父母宮，成為敗家子的機率可不小。

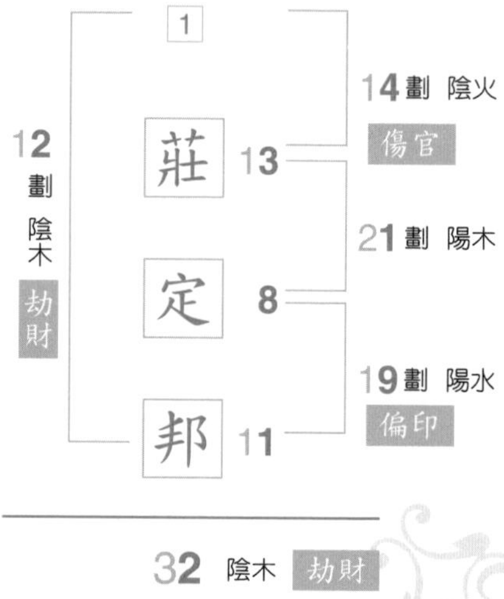

容易有憂鬱症和躁鬱症的格局

小孩的姓名格局中，五格的五行有三個相同或三個以上相同時，產生躁鬱症、憂鬱症的機率會很高。若格局中又無「官」的話，觸發的機率最高，「傷官」第二，「偏官」第三，「正官」最少。這一類型的小孩在往後的發展中，不是資優生，就是問題小孩，不論如何，就是要注意「情緒管控」。一旦情緒的管控處理不好，不是自己傷害自己，就是造成重大的社會事件。

如臺北捷運殺人事件的主角，姓名格局就是無官，加上五格五行中的木有三個，又如關姓院長的女兒、洪姓藝人等。許多社會事件關係人姓名拿來驗證，都是五格五行太集中所造成，可見名字的影響力有多大。

小孩的躁鬱症、憂鬱症一旦形成，不只小孩痛苦，父母也會兵荒馬亂，整個家庭甚至社會都會受到影響，父母在幫小孩命名時，一定要特別小心，畢竟這是影響小孩一輩子的事。以下是就各五行有三個或以上時會造成的影響分析。

「木」達到三個或以上的小孩，也就是在五格當中，尾數有1或2，有存在三個或以上有「木」的小孩，對於各種事務的掌握心態，更加強烈霸氣，凡事講究完全控制，一旦未能順其意，脾氣不會太好，一輩子無法靜下來好好休息，等到可以休息時，心裡又會不踏實，深怕別人會忘記他的存在，永遠都在為達不到的境界而前進。小孩的「木」如此集中，其他五行無法發揮制衡作用，顧此失彼不是好事，一旦事業或感情不順遂時，會比一般人多五倍機率得到躁鬱症、憂鬱症，容易有極端傾向的作為，許多轟動社會的事件由此產生，如九十年九月五日，彰化縣二林鎮洪若潭一家五口自焚疑案，長子「洪崇釜」，姓名格局中，五格全部都是木。一〇四年臺北捷運凶手「鄭捷」也是三個木。

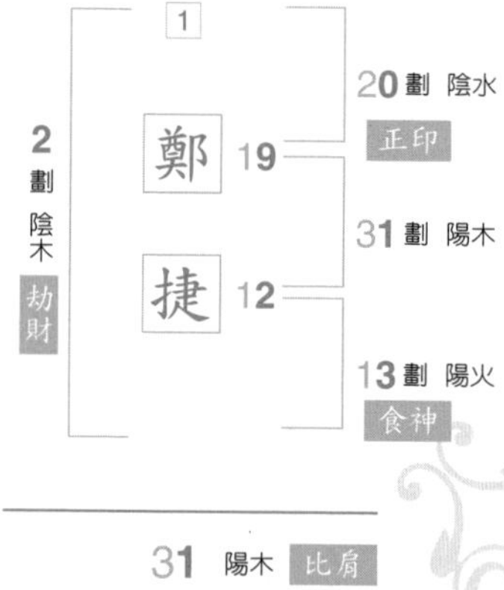

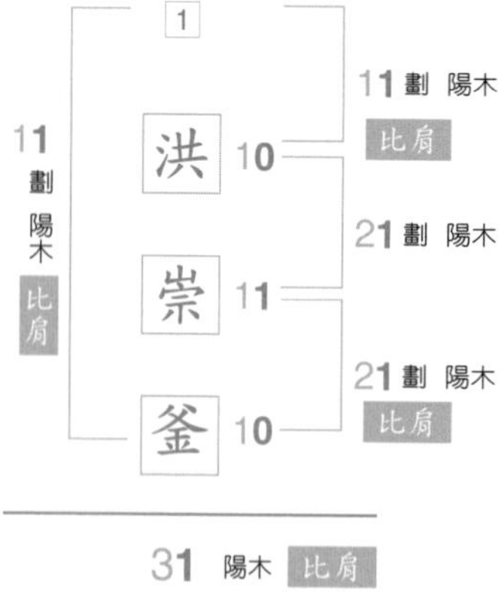

「火」達到三個或以上的孩子，也就是在五格當中，尾數有3或4，存在三個或以上有「火」的孩子，常常話只聽一半，就忍不住衝出去，事情沒解決就算了，還會火上加油、愈幫愈忙，得罪一堆人也無所謂，積極，行動力強，主觀意識太強，無法接受別人的建議，霸氣十足，衝鋒陷陣，居領導地位，愛面子、不能當面令其難堪，性子急躁，容易成為被利用的目標；沒睡飽，情緒思維差，容易有起床氣，一旦事業或感情不順遂時，會比一般人多五倍機率得到躁鬱症、憂鬱症；波段運勢不佳，若再遇到流年運勢不好，容易有極端作為。

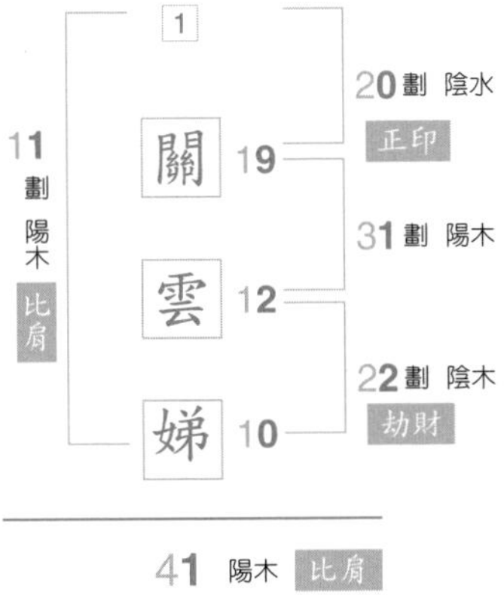

「土」達到三個或以上的孩子，也就是在五格當中，尾數有5或6，存在三個或以上有「土」的孩子，臨場反應快、學習能力強，剖析能力強，條理清楚仔細，在團體中令人注目，個性執著，主觀意識強烈，容易剛愎自用，就算決定的事情是錯的，也會執行到底，強烈的自信心，反而是種致命傷，適合到外地發展，而且隨興發揮，不拘泥任何領域，適合演藝人員、模特兒的行業。愛恨分明，有強烈的占有慾，一旦愛上會轟轟烈烈的一發不可收拾，感情半途生變或不能有好的結果，也會當機立斷，選擇分手，不會藕斷絲連糾纏不清，令人覺得他對感情的態度太現實。特別要注意的是，一旦事業或感情不順遂時，會比一般人多五倍機率得到躁鬱症、憂鬱症。

「金」達到三個或以上的孩子，也就是在五格當中，尾數有7或8，存在三個或以上有「金」的孩子，有超高敏感度，先天下之憂而憂，後天下之樂而樂，第六感直覺能力強，分析事情的角度優於一般人。太多的金元素，會讓孩子太過敏感，容易疑神疑鬼，內心永遠不平靜，需要不斷證明存在的價值，有時會造成周遭的困擾。碰到挫折，會有逃避的心態出現，若一定要面對，精神容易崩潰，亦有妄想症，內心感情細膩，成為作家的機率不小，身體的五官靈敏度佳，只要有訓練的環境，成為各行各業中的佼佼者，並非是困難的事。一旦事業或感情不順遂時，自我精神壓力過大，倘若沒有好的疏解管道的話，容易有駭人聽聞的念頭出現，這一類型的人，比一般人多五倍機率得到躁鬱症、憂鬱症。

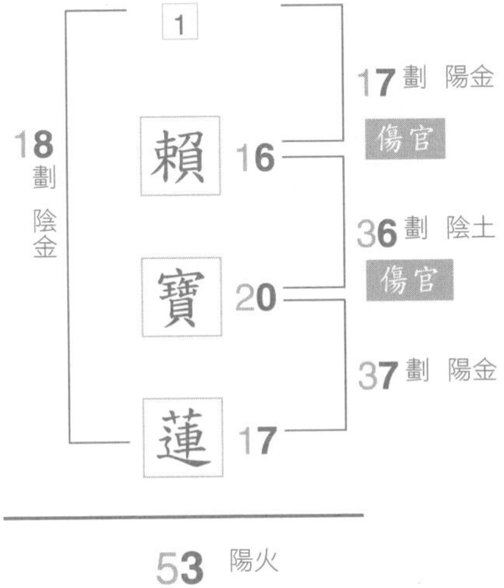

「水」達到三個或以上的孩子，也就是在五格當中，尾數有9或0，存在三個或以上。這類型的孩子是天生勞碌命，在外面奮鬥住旅館的時間，似乎比回家休息的時間還要多，永遠都在奔波勞累，沙場征戰不休，人生像陀螺一樣轉個不停，內心寂寞空虛，出去像丟掉，回來像撿到，只顧朋友的立場，很容易鬧家庭革命。事業或感情不順遂時，也容易有駭人聽聞的念頭出現，精神壓力過大，倘若沒有好的疏解的話，會比一般人多五倍機率得到躁鬱症、憂鬱症。

五行架構一旦失調，是非常危險的，就像是將房子的地基建立在懸崖邊一樣，固然有最佳的景觀，但一旦風大雨大超過房子的承受力，或是來一次人生大地震，容易造成遺憾，所以EQ更要高，否則躁鬱症、憂鬱症跟著來，波段運勢又不佳，再遇到流年運勢不好時，做出極端作為的比率非常高。要多注重平時EQ的訓練，否則容易有極端傾向，這樣的孩子姓名格局，筆者鄭重提醒各位父母，千萬要注意、要小心。

對父母有不好影響的姓名格局

許多人在生完小孩子以後，會發現自己的運勢越來越差，這時候如果又去算了小孩子的八字，結果卻未盡人意的時候，可能父母對這個小孩子的態度就不是很好。輕則對小孩子冷漠不重視、嚴重一點的甚至丟棄或是送給別人。

其實這真是冤枉了小孩子，因為運勢不好的責任不在小孩子的先天八字，而在於父母本身。筆者說的可不是為小孩擇日剖腹生產喔，而是父母將小孩的名字取錯了。要知道小孩子的姓名可以幫助父母，也會傷害父母的運勢，小孩子的名字取得好，父母的運勢也會往上提升，一旦取得不好，就會使父母的運勢向下沉淪。

要知道小孩子出生後，是無法自己決定自己要叫什麼名字，而是由父母來命名，小孩子什麼都不懂不知，一切都是父母來決定，所以筆者才會說，父母的運勢好壞在於父母本身，不要冤枉了小孩。

那麼一個人長大以後，如果自己更名改名，是否一樣會對父母有所影響呢？根據筆者多年下來統計的答案是會的，就算是嫁出去的女兒也一樣會有影響。筆者大女兒的一位老師，就是因為改名之後，母親才去世。而當時找筆者的時候，筆者直接告知其傷害性，並告知大約可能的時間，結果令他非常驚訝，因為母親過世的事，並未向人提起，而他的疑惑是女兒出嫁也會影響嗎？

筆者可以肯定地說，是的，還是會影響，不過如果只是叫偏名，而未正式到戶政單位去改的話，就沒有影響，這一點是有分別的。

什麼樣的姓名格局會對父母產生不好的影響，甚至於會剋到父母的健康和壽命呢？第一是格局中的父母宮有「傷官」或「劫財」格局出現時，父母的運勢就會不好，其中又以「傷官」最嚴重；第二是用字和姓氏相剋時，會影響到父母的健康，當兩者都出現時，將影響到父母的壽命。以下是對父母不好格局的列表，請各位父母一定要避免使用。

只要孩子的姓名，對應到以下任何一種情況的話，除非父母本身姓名運勢強，或者天生八字夠硬，否則對於父母的運勢，絕對有一定程度的影響。在事業上，父母是軍公職人員，容易調動頻繁、升遷不易；一般民間企業則是轉職頻繁或懷才不遇、難見升遷；自己有事業的，容易衰敗，直到下一個小孩子出生命名後，再視最小小孩的名字是否繼續影響父親，倘若再加上小孩名字生肖用字不對的話，很容易影響父母、祖父母的健康。名一影響的是父母親，名二影響的是祖父母。這種例子，最容易發生在只用單一學派取名改名的時候，不論是「吉祥數字派」、「單一生肖姓名學派」、「單一八字派」，都很容易忽略這一部分。

總之，在父母宮有「傷官」格局出現的話，對於父母的傷害是難以估計的，在父母宮有「劫財」格局出現的話，父母親的財務運勢非常弱，而且在外的是非也會增加。為了自己父母的健康運勢著想，建議有這樣格局的人，盡早改名。若是父母發現自己年幼小孩的名字，有此格局的話，幫小孩改名有助於本身運勢的改善，同時也可改變小孩暴躁的脾氣。

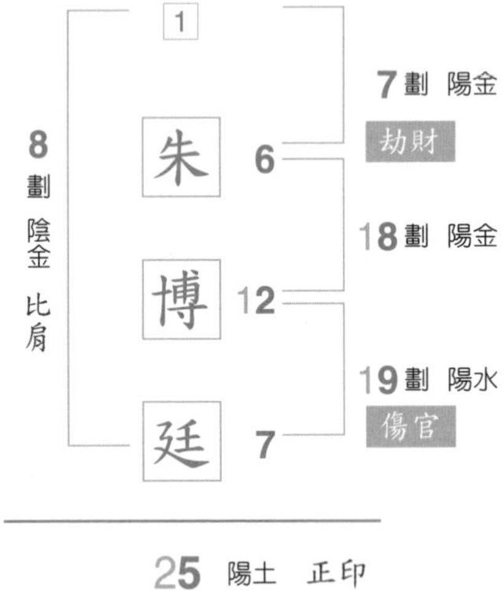

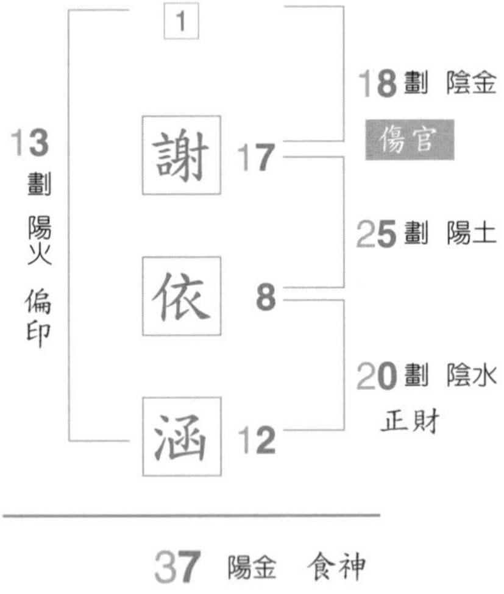

人格尾數	1	2	3	4	5	6	7	8	9	0
天格尾數 傷官格局	4	3	6	5	8	7	0	9	2	1
天格尾數 劫財格局	2	1	4	3	6	5	8	7	0	9

孩子命名

總結與附錄

您也可以為孩子命名

所謂「一命、二運、三風水」，以現代的環境來說，就是個人的八字紫微（命）、姓名（運）、陽宅（風水）。筆者認為，八字（命）是無法更改的，但是後天的姓名（運）卻是可以掌握的，若能將命和運相輔相成，互補不足之處，人生將可更順遂。至於陽宅（風水）則是要注意所居之處，畢竟人有三分之一的時間，是在自己居住的空間裡活動，受到空間磁場的影響也很大，有時並非是自己的命和運的流年運勢不好，是環境磁場（風水）的影響，造成疾病及一些凶惡之事出現。

究竟是八字（命）比較重要？還是姓名（運）比較重要？常見各自擁護者互相攻擊。其實，每一門學問都重要，能成為一門學問，必有它的道理存在，況且命理五術就是一門統計學，不管是東方的八字紫微、占卜、易經、陽宅、地理，亦或是西方的星座、塔羅牌、生命靈數等等，其實都是統計學，只要統計的數值越多越大，準確率就會越高，不過統計的方式、公式、法則若出現錯誤的話，一樣會陷入死胡同。

我有一個很要好的朋友，我們同年同月同日生，連時辰都一樣，可是我們兩個人的人生一路走來，完全不相同。個性不同、際遇不同、成就也不同，八字紫微斗數無法解釋，只有姓名學可以解釋。為什麼同卵雙胞胎又同時辰的兄弟或姊妹，個性有差異、學習有差別，成就也有差別，姓名決定的是一個人的個性，決定一個人一生的運勢；八字決定的是運勢的高度，但一個人若一生無運，高度就沒有機會產生，所以一個人的一生要有好運，就一定要有個好名字。這本書希望帶給各位好運的父母，幫助各位父母為自己的孩子取個一生好運的名字，讓孩子一生有好運，一生好富貴。

幫孩子命名一向是為人父母既高興又麻煩的事情，就算花錢請命理師命名，也不見得安心，更何況是自己幫孩子命名。現在有了筆者的這本書，最起碼您可以安心地幫孩子命名，盡到為人父母的心意。筆者希望姓名學能夠平民化，讓有緣分的各位孩子，在往後的人生歲月中，能夠有好運好福氣，多一點錢、多一點閒、多作一點功這是筆者最大的心願。

十二生肖命名用字大公開

屬鼠・適合此生肖命名時參考用字

二劃部分：（個位數本質是「2」）
了

三劃部分：（個位數本質是「3」）
上万丌于口大女子川巾

四劃部分：（個位數本質是「4」）
丑丰云元勻壬天才木水牛王

五劃部分：（個位數本質是「5」）
世卯玉且令充北卉台司右本民玄生田由甲申白
禾立

六劃部分：（個位數本質是「6」）
打亥任先兆名同吉羽回如字存守安宇曲有米衣

七劃部分：（個位數本質是「7」）
亨利呂君呈吟妤宏希彤汐汝甫男秀

八劃部分：（個位數本質是「8」）
官宜享和奇姍季定宙宗居承枋果松沛沁汪沂沅
玓金秉祄雨青

九劃部分：（個位數本質是「9」）
法飛泰冠厘品咪芍思奕妍宥度彥怡泳泫治河泯
玩昫相科貞禹祈祉約紆衫芋

十劃部分：（個位數本質是「0」）
恬家員娟宸容展峰津洲玲珊珍真祐純紘訓芸

十一劃部分：（個位數本質是「1」）
紫婕崇康彬悅振海涓珮細紳紹翎翊若娸

十二劃部分：（個位數本質是「2」）
勝喬喜媚婷富幅幀茜涂添淇涼涵清淳深淙淵淦
淼茵琄番登舒稀稃茗詒貴貽鈞閎雅茴草

十三劃部分：（個位數本質是「3」）
提圓湄港渙湛琦琪琳琴琛農祺祿靖絹莆裕詩詰
鈴莉莎詠

十四劃部分：（個位數本質是「4」）
嘉圖壽榕滄源菩瑞瑜睿碩禎精維綢綠綸綺銘裴
誌語豪賓銓閣菁

十五劃部分：（個位數本質是「5」）

漢慧嫻嬋寬慶槿漉潁瑤瞋萬緗緻編霈諒誼震編

十六劃部分：（個位數本質是「6」）

諄論賞賢賡靚頡鋐糎

十七劃部分：（個位數本質是「7」）

學寰澄潤瑾蒲龍積穎諺謀錄錡霖臻蒼蓁蓉

十八劃部分：（個位數本質是「8」）

嬪檉檐濂濃澤澧璠禧謙謚鄉隸鴻聰

十九劃部分：（個位數本質是「9」）

濠濬濰濤濟璨環豐禮穠謹鎔鎧

二十劃部分：（個位數本質是「0」）

璽璿穩鏗鯨鵬麒

二十一劃部分：（個位數本質是「1」）

寶懷瀚瀧瓏鐘羅覺警

二十二劃部分：（個位數本質是「2」）

櫻顧躍

二十三劃部分：（個位數本質是「3」）

懿權瓖蘇穰讀鑌

二十四劃部分：（個位數本質是「4」）

巖纕麟

二十五劃部分：（個位數本質是「5」）

讓靄

二十六劃部分：（個位數本質是「6」）

觀鑰鑲靉

二十七劃部分：（個位數本質是「7」）

讚

二十八劃部分：（個位數本質是「8」）

灤鑼

三十劃部分：（個位數本質是「0」）

灩

鸞

屬牛・適合此生肖命名時參考用字

一劃部分：（個位數本質是「1」）

乙

二劃部分：（個位數本質是「2」）

了二卜

三劃部分：（個位數本質是「3」）

千 下三士子寸小工己巳巳干廾弓

四劃部分：（個位數本質是「4」）

丑中丰丹之尹互元勻升卞壬少巴引才水

五劃部分：（個位數本質是「5」）

北卉平弗弘玄生田甲白目禾立

六劃部分：（個位數本質是「6」）

臣亥丞企任伊六同各合羽多妃好字存守安宇州

次伋至西圭

七劃部分：（個位數本質是「7」）

廷利池均妤宏序汐汝江秀酉巡

八劃部分：（個位數本質是「8」）

函亞宜享侖侈侍其叔和坪垂姍委季定宙庚承東

果松沛沙沂沚金秉隹雨非

九劃部分：（個位數本質是「9」）

法飛泰俘匍芍姪姿室封建弈扁泳泫治泄泓泛泯

相省眇眉風秋羿科虹秒芊芋

十劃部分：（個位數本質是「0」）

十圃庭庫津洲洧特茲芳軒迅耕耘芝芸芹芷家秦

十一劃部分：（個位數本質是「1」）

婕康強浦海浩浚浥苡范那苗迎邦翌翊苑若苹娸婉

十二劃部分：（個位數本質是「2」）

黃凱博富捷茜毓涤添涵淳淩淦茱荏畯登發迪逑

鈕鈞閎雄雅草

十三劃部分：（個位數本質是「3」）

湘僅匯新湄港渺渙渥筠雷稚稜稠莆迺鈿鉅附雋

電莎莘

十四劃部分：（個位數本質是「4」）

槐溱睿連華鳳銘豪輔逍透逐逑逗通逢銅閩翠菁

萊菊菲菽萄菀菘菫菱

十五劃部分：（個位數本質是「5」）

漢萱嫻寬廣漣滬漂漳演葉萬黎稻稼穀範逸
陞進鋒翩踠趟透週郵逵銲鋪霆葡葵萩逯鋐嬅

十六劃部分：（個位數本質是「6」）

學導廩樺潘潭潼澎潔澄霍豫遊運道錄錐錠雕霏
臻蓁蓉

十七劃部分：（個位數本質是「7」）

隆鍾遙遠鍵鴻聲蓮

十八劃部分：（個位數本質是「8」）

濛濠濬濯濡濟豐適遨鄘鄞鎧鎰

十九劃部分：（個位數本質是「9」）

鄭鄧選鄰鏗鏞鵬

二十劃部分：（個位數本質是「0」）

藍邁醴

二十二劃部分：（個位數本質是「2」）

蘇

二十四劃部分：（個位數本質是「4」）

鷹艷

屬虎・適合此生肖命名時參考用字

二劃部分：（個位數本質是「2」）

丁力

三劃部分：（個位數本質是「3」）

上大山巾弋

四劃部分：（個位數本質是「4」）

丰今午升壬太屯心戈日木水火犬

五劃部分：（個位數本質是「5」）

玉丙主出北卯宄布市必本永玄穴立

六劃部分：（個位數本質是「6」）

亦全存年旭有朱汀求竹聿至衣色

七劃部分：（個位數本質是「7」）

成君宋岑希彤志杉材汐良走采

八劃部分：（個位數本質是「8」）

武宜享刷宓定宗忻承朋東林杰松沛沁汪沅爭玓
社礿長雨青

九劃部分：（個位數本質是「9」）

法泰南九契奕威宥帝帥彥怖柄柳柱泳泫注泌玩
玨玥癸皇風衫

十劃部分：（個位數本質是「0」）

馬峰恭恆朕桃根桂栩栽津洋玹玲珍純衽彭肱肯峮

十一劃部分：（個位數本質是「1」）

婕常康彩悅梓浮浪海珠珪絃翌翊婧

十二劃部分：（個位數本質是「2」）

淨勝嵐嵋歲惇情悵捷棟棋森淥添淋涵清淳深淆

十三劃部分：（個位數本質是「3」）

淦淼然筌猛球琅珺琈絜絢象雄集雅脈媏
湘媽媵愛意新暉業榆楣楚渤渙湜滋煇筠猶琦琪
琳琴琖琛琤琮琰琭晴睜睚裘祺靖絺猷琺

十四劃部分：（個位數本質是「4」）

嫣寧幛榮槊滕溪箋箏箐獅瑞瑜瑂瑛睿箖綱維綵
緁綠綮綪裾誙翡慈

十五劃部分：（個位數本質是「5」）

樂樟漪瑤瑪節緗緹緒霈駒褕褊賣輝駐駝

十六劃部分：（個位數本質是「6」）

叡學憲潔璋璆篤縉縈霏霖翰

十七劃部分：（個位數本質是「7」）

嶸懋憶撼澳璞總駿鴻黛璟

十八劃部分：（個位數本質是「8」）

檸濠濬濰濯濟璨環璦瑻繡騏

十九劃部分：（個位數本質是「9」）

濼瀅璽璿瓀繹鵬

二十劃部分：（個位數本質是「0」）

懷瀚瀠瓊騫騰

二十一劃部分：（個位數本質是「1」）

籐

屬兔・適合此生肖命名時參考用字

一劃部分：（個位數本質是「1」）

乙

二劃部分：（個位數本質是「2」）

丁二力

三劃部分：（個位數本質是「3」）

于口女寸小巾弋

四劃部分：（個位數本質是「4」）

丑中丹之尹予云互仃仁元允匀匹升四少屯戈才方日月木水火犬

五劃部分：（個位數本質是「5」）

世丙且丘卯台句古可司右巨市平弗弘本未朮用田由甲目石禾

六劃部分：（個位數本質是「6」）

臣亥亦仿伊仰六共再名同各合吉向因回妃好妁如字守安旭曲次求米羊而衣自舟色

七劃部分：（個位數本質是「7」）

亨兌克利呂告呈妤宋宏局彤束李杉材村甫男町谷里秀豆妘

八劃部分：（個位數本質是「8」）

亞官宜艽事京佩侖依佯典其刷叔和味困妹委季定宙宗宛尚居幸店於朋枋杪東林果杭析松欣狀直秉舍衿青

九劃部分：（個位數本質是「9」）

韋亭保俚俐俏俄勉匍厘咸品咪哈咭咨芍姜姪姝姿威姞姬宥弈彥拓枷柄柳枸柯柚柿柔柵界畏昫相省眇眉祉秒約衫耐苒咥姵

十劃部分：（個位數本質是「0」）

家倫倢唐哥哲哨高圃娩娜娌娟娥孫宮容宰拾旅朗桂桔桀株桉茲留畜益秦租窈紜紡級肪舫芝芥芬芸

十一劃部分：（個位數本質是「1」）

卿紫偌區商夠婕寄常康彩挹啟敏教旌旋望梅梵梨梓笙笛略畢那苗絃紹邦羚苑苕若英娸婧

十二劃部分：（個位數本質是「2」）

備傢傳傑傖凱創勝單喨喬喜喂壹媚婷媛富彭捷
敦晴棟棠棺棵棋棧棣森椏毓
筆茵茹畯畫異登童舒稀絜絮茗開閎閑閒雰黍荔
茴茶草媎善

十三劃部分：（個位數本質是「3」）

傳圓園塑嫁嫄廉彙暖極業榆楣楓楠楚當裘碇祺
粲綏莆裔裕群義肅肆莉莎莒莘莠裡

十四劃部分：（個位數本質是「4」）

嘉圖壽夢嫦嫘構槐榭榛榕箐睿華福禔箖精綻綝
綾綢綵綠綸綺裬豪臺菁萘菊菴菀嫥菱

十五劃部分：（個位數本質是「5」）

董儆儀嘻漢嬌嫻嬋寬審幟幢數樓樣樞樁槿槳樑
穀葉萬黎磊磐稷稻稼穀篇範篆緗緣縕緘緝緞編
緩緯練霈葳褕褊豎興葆葡葦葫萩葒嘽糎

十六劃部分：（個位數本質是「6」）

儔儒圜學寰廩橡樺樹橋機橙陶陸糖穌篙糕縈豫
陰陵霖膏臻蒙蒡蒼蒿蓁蓄蓉蓓蒨

十七劃部分：（個位數本質是「7」）

孺擇擎據隆磺築襄谿豁隊隋霜霞龠羲臨蔬蔭

十八劃部分：（個位數本質是「8」）

嚮檬歸爵魏豐穡繕繙繡鄘闓膳

十九劃部分：（個位數本質是「9」）

疇繹

二十劃部分：（個位數本質是「0」）

藍藏繼繻

二十一劃部分：（個位數本質是「1」）

欄籐韡

二十二劃部分：（個位數本質是「2」）

蘇穌

二十三劃部分：（個位數本質是「3」）

欒

二十四劃部分：（個位數本質是「4」）

靈

二十八劃部分：（個位數本質是「8」）

豔

屬龍・適合此生肖命名時參考用字

一劃部分：（個位數本質是「1」）

一

二劃部分：（個位數本質是「2」）

了

三劃部分：（個位數本質是「3」）

上大子川巾

四劃部分：（個位數本質是「4」）

予云今什元升壬天太木水

五劃部分：（個位數本質是「5」）

玉主北布平民玄申立

六劃部分：（個位數本質是「6」）

丞亦任兆羽多好字存宇有求聿至衣色

七劃部分：（個位數本質是「7」）

亨君池宋希彤汝

八劃部分：（個位數本質是「8」）

函宜奈定宗庚承朋枚東林沛汪沂沅玓金社長雨
青

九劃部分：（個位數本質是「9」）

法泰冠奕彥扁柏柄柳柱泳泫注泉泯泊泗玨玡玥
皇羿貞軍禹祈衫計姵

十劃部分：（個位數本質是「0」）

清桂桀洵玲珍珅真衿

十一劃部分：（個位數本質是「1」）

婕康彩望浦珠珮珪紳翎翌翊習婧

十二劃部分：（個位數本質是「2」）

媛幀捷棉棟森淶淇淋涵清淳深淦淼球珺琈雲註
評集雅須

十三劃部分：（個位數本質是「3」）

湘寘揚椿楠湯湟湜琦琪琳琴琮晴祺祿靖詡詣琺詠

十四劃部分：（個位數本質是「4」）

彰滇溪瑋瑜瑄瑔睿禎禔綵綠

十五劃部分：（個位數本質是「5」）

慶樟漉漳禛緣緹緯霈鋒誼翩請震霄褊諄賜錞靚

十六劃部分：（個位數本質是「6」）

學潔潮璋縉諦諭諺諟霖翰

十七劃部分：（個位數本質是「7」）

謙謄霞駿鴻璟

十八劃部分：（個位數本質是「8」）

濬濰濡璨環繡

十九劃部分：（個位數本質是「9」）

瀅璽璿譚贊鵬

二十劃部分：（個位數本質是「0」）

耀瀠瓊繽騰

二十六劃部分：（個位數本質是「6」）

讚

二十七劃部分：（個位數本質是「7」）

灤

屬蛇・適合此生肖命名時參考用字

一劃部分：（個位數本質是「1」）

乙

二劃部分：（個位數本質是「2」）

丁二

三劃部分：（個位數本質是「3」）

凡也于口土夕寸小己巳巾弓

四劃部分：（個位數本質是「4」）

丑中丹之尹互井午升少巴心才方日月木毛火牙牛

五劃部分：（個位數本質是「5」）

世玉丙且丼乏五包句可司巨弗必戊未末札甘生用田由甲目穴

六劃部分：（個位數本質是「6」）

臣名合后吉向羽因回妃如宅守安宇寺曲有朴朵次竹羊聿衣西色圭

七劃部分：（個位數本質是「7」）

亨吾均宋床志束杜李杞杏杉材村步甫男町里角邑酉

八劃部分：（個位數本質是「8」）

亞官宜事京宓定宙宗宛尚居念忻忠朋枋枚東果杰杭析杼炎炘長阜隹青非忱

九劃部分：（個位數本質是「9」）

韋南亭冠匍卻咸品哈咭思姜姚客宦宥巷帝帥彥性怡柄柳柯柔柵炯玥界昀紀羿貞軍虹計面姵

十劃部分：（個位數本質是「0」）

恬馬唐圃娜娟宮容宰展師庭庫恭恪息恕恆恩桃桐桂桔桀栩珊珍真純紓芳訊訓記迅邕配肯芝

十一劃部分：（個位數本質是「1」）

區唯國婞婉婕常康強彩扈振挹啟笙笛珧珮畢許那紹迎近邦野

十二劃部分：（個位數本質是「2」）

惠勝博單喬喜圍壺媚婷富就惇情捷棟棠森焙然焱為筆答茵理邵舒辜費結絜詒詔評貴貿超迪防集雅翔媜善

十三劃部分：（個位數本質是「3」）

愉湘園廉極業榆楓楠楨楚湄煒煇熙筠筵筥晴詹

農雷詡詩迴迺追郁阿電馴義肅詠

十四劃部分：（個位數本質是「4」）

匱嘉圖壽寧實慎愿槐榭榮榕熔熒箐睿連趙翟鳳

禎禕箖綧維綵綠綸誌語說賓輔速造郡郜鳴團慈

十五劃部分：（個位數本質是「5」）

嘻嬌嫻嬋寬寫慷慰標樞磊箴範緗緯逸進誼翩震

諄醇陣霆靚

十六劃部分：（個位數本質是「6」）

器圜播樺熹燁龍縈諺運道達雕霖頤翰

十七劃部分：（個位數本質是「7」）

營謝隆繆謙豁賸遙遠遺駿蓮蔭

十八劃部分：（個位數本質是「8」）

檳豐繕繙繡謹適膳

十九劃部分：（個位數本質是「9」）

寵龐疆遵選鵬鵰

二十劃部分：（個位數本質是「0」）

寶懷懸瓏觸議騫騰

二十一劃部分：（個位數本質是「1」）

顧隨驅鶯鶴

二十二劃部分：（個位數本質是「2」）

彎懽懿權爟疊讀驊

二十三劃部分：（個位數本質是「3」）

欐驛麟

二十四劃部分：（個位數本質是「4」）

朧靄靈鷹

二十七劃部分：（個位數本質是「7」）

驤

三十劃部分：（個位數本質是「0」）

鸝鸞

屬馬・適合此生肖命名時參考用字

一劃部分：（個位數本質是「1」）

一乙

二劃部分：（個位數本質是「2」）

丁人入力卜

三劃部分：（個位數本質是「3」）

上千三凡久也于口土士大寸山工己已巳巾干廾

弋弓

四劃部分：（個位數本質是「4」）

中丰丹之予互仃介今什仍元內化升及天屯巴引

戈才斗方日木火犬

五劃部分：（個位數本質是「5」）

世玉丙乏乍付仕出包尼弗弘戊本未札民目禾立

六劃部分：（個位數本質是「6」）

亦伉休企仲任伊六吉向安宇寺州年弛戌旭有伋

竹羊而聿至衣艮色圭

七劃部分：（個位數本質是「7」）

成廷伯佈何伸作佑位利吧君妤希序彤杞杉村甫

車良究秀走巡

八劃部分：（個位數本質是「8」）

武宜芃佩侖佳依刷妹妮定宗宛尚岱幸枋爭直秉

社祀長青

九劃部分：（個位數本質是「9」）

韋南亭侯俊係妍姜姝威姞建彥柄柵炯炮炳炤相

紀秋科軍秒約芎姵

十劃部分：（個位數本質是「0」）

乘倍倫倖值倢十唐圃射峰旅桐根桂桀烈珍真花

秦純納級素芳起迄迅芝芥

芩芬芭芽芷

十一劃部分：（個位數本質是「1」）

偉梁健偌婉婕寅常強彩梵烺烽笠符第芮那紳紹

邦翌翊苑苞若苻茂茉苹娸彪

十二劃部分：（個位數本質是「2」）

凱勝博壹媚媛歲捷棟棠植森焦無然焱焯為筆筑

策茱茵茌珺登發盛程童舒辜稅竣結絜茗貴趁超

越跑述開閑集雅翔茶草荐善

十三劃部分：（個位數本質是「3」）

僅僊傳勤園嫄廉彙新暉業榆楣楓楠楨煤煥煖煒煇熙牒筵猶琦琪琚琤琮祺稑稚稜稠稟靖絺綏莆賊群義荷莉

十四劃部分：（個位數本質是「4」）

像夢嫦嫣對彰榭榮榷滕熔熊熒熏箏箐獅睿連華趙綻綱維緁綠綸輔逑途通逢逖舞菁菲菀菘

十五劃部分：（個位數本質是「5」）

儂儀嫻寬寫幟樣樟樑稻稼穀篇箴節範緗緣緻編緯逸葳駒陞進褕震蝶褊褘輝週郵逵院霆駐駙葦萩葰逯鞍寫

十六劃部分：（個位數本質是「6」）

儐儒勳廩樹橙熾燈燕燃燊燁穆積篤縈運達霖蓁蓉蓓蒨

十七劃部分：（個位數本質是「7」）

燦燭燧燡篷賽轅遙遠駿蓮

十八劃部分：（個位數本質是「8」）

檳豐穠簫簣繡遮鄺

十九劃部分：（個位數本質是「9」）

璿鄧選

二十劃部分：（個位數本質是「0」）

寶獻藏籍繽議邁騫騰

屬羊・適合此生肖命名時參考用字

一劃部分：（個位數本質是「1」）

乙

二劃部分：（個位數本質是「2」）

丁二几卜

三劃部分：（個位數本質是「3」）

千下三凡久也土士寸小工己已巳千廾弓

四劃部分：（個位數本質是「4」）

中丰丹之尹予云互仃今允勻午升卞及少屯巴引

才日月木火

五劃部分：（個位數本質是「5」）

世丙且乏充卯平弗弘戊禾立

六劃部分：（個位數本質是「6」）

臣亥仿伊仰光先六同各合吋地圳多妃妁如宅守

安宇弛旭朴朵次竹米羊而聿至老圭

七劃部分：（個位數本質是「7」）

延佑兌克圻均妙姈妤宋宏杜杞杏材村步甫男里

秀私足邑妘巡

八劃部分：（個位數本質是「8」）

亞宜佯免和垂委定宙宛尚居屆幸杷枋枚杪東林

果杰杭析松炎炘秉舍青

九劃部分：（個位數本質是「9」）

韋南亮保俚俊促匍厘姸姝室宥封巷建枹柄柳柙

柔柵炫炳畏相盾省眇秏秋科秒芎垚矜

十劃部分：（個位數本質是「0」）

家十圃埔娜娟娥桃桂秦素芳迅芝芸芫芷

十一劃部分：（個位數本質是「1」）

梁基堅埜培婉婕庶強梵梨烽笛畢那迎近邦若英

苹埼娸

十二劃部分：（個位數本質是「2」）

博婷富棟棠棋棣森焚無焱為茹茗迪逑開閎閑雄

集雅

十三劃部分：（個位數本質是「3」）

僅傳廉新業楣楓楠楙楯楚煒熙筠筵當睫稑粲莆

郁郅馳馴義莞

十四劃部分：（個位數本質是「4」）

像塾境墉墐夥槐槍榭榮榴槊榕箕箐菩睿華箖精

綠裸裾豪輔逋逐逗通速逢閩魁菁菊萁菀菘菫

十五劃部分：（個位數本質是「5」）

董儆儀嫻寬廣數樓槿毅葉萬稷箱節範逸駒陞進

蝶褊禕豎踝踞逵葆葦萩逯鞍

十六劃部分：（個位數本質是「6」）

橡樹篤豫遂道達臻蒙蓁燭燧遙遛

十七劃部分：（個位數本質是「7」）

遠駿蓮蔬

十八劃部分：（個位數本質是「8」）

檬豐簧蹕適

十九劃部分：（個位數本質是「9」）

選鄰

二十劃部分：（個位數本質是「0」）

躂邁

二十二劃部分：（個位數本質是「2」）

驊

二十三劃部分：（個位數本質是「3」）

驛

屬猴・適合此生肖命名時參考用字

二劃部分：（個位數本質是「2」）
人入

三劃部分：（個位數本質是「3」）
上丈久于口土士子寸小川巾

四劃部分：（個位數本質是「4」）
丹尹云井介今仍仁元內公午升壬天太夫孔少手
母水

五劃部分：（個位數本質是「5」）
世付代仔以兄凸北台句古可史司右戊民目立

六劃部分：（個位數本質是「6」）
臣丞仿休企仲伍任伊兆全名吏合吉羽因回多好
如字存守安宇曲次每求行而至衣色圭

七劃部分：（個位數本質是「7」）
辰七亨伯佈何作佐佑似位冶呂含呈吟吾坊均妙
妗妤妊孜宏巫希序彤形攸李步汝甫貝走足酉妘

八劃部分：（個位數本質是「8」）
函亞宜享京來侖佳侈依兩周坪夜奇定宗尚居征
技承放政於果欣沛沒沐沙沂沅沚佶直金知雨非

九劃部分：（個位數本質是「9」）
法泰南亮俘俠俊係信促俅冠奕奎妍姿客封彥待
律昱泳治河泯泔爰省眉衍貞祈祉衫垚矜

十劃部分：（個位數本質是「0」）
修倍倪倜倆倫候俱倢唐哲員娟孫宮宸容展徒徐
拯持拱旆旅時洞洲洋珊真袁站紡納紓紘級紝芳
訓記芸

十一劃部分：（個位數本質是「1」）
偉健偌做區商基堅培堂域婕常康得徠振啟教旋
族涬海浚浴浯偯笠符珩珮許紹訪責若英埼埥娸
御

十二劃部分：（個位數本質是「2」）
備傑博喨喬喜堡堪堤壺媚婷媛尊幀復循捷斯毓
淇淋涼涵淳深淙淦淼茵茬球登雲舒竣証詎詒詔
評詞越鈔開閎茴荐媎媜善

十三劃部分：（個位數本質是「3」）
湘僅傳園塘湄渙湜溪滋筠筥詹農裘裔裕詩零群
荷詠

十四劃部分：（個位數本質是「4」）

僖嘉圖境墉嫣實彰徹旗滇溶萊瑋睿綢綵綠語賓臺舞萘

十五劃部分：（個位數本質是「5」）

滿儂儀漢履滸漳瑪緯霈諒誼震調賞賢質興

十六劃部分：（個位數本質是「6」）

儐儔儒叡圜學潔璇衛龍衡篡縈諮諺謀霖蓉蓓蒨蓀蒞

十七劃部分：（個位數本質是「7」）

償嬪孺濃澤營謝績繁謙謄豁賽趨駿黛龠聯

十八劃部分：（個位數本質是「8」）

儲儱濱濬濡濤濟顏豐謹騏

十九劃部分：（個位數本質是「9」）

寵薇識贊辭薔

二十劃部分：（個位數本質是「0」）

寶瓏竇競籌繼繽覺警議

二十一劃部分：（個位數本質是「1」）

譽

二十二劃部分：（個位數本質是「2」）

孿讀驊罏驎

屬雞・適合此生肖命名時參考用字

二劃部分：（個位數本質是「2」）

二人入卜

三劃部分：（個位數本質是「3」）

千下三口土士寸小工己已巳巾干廾弓

四劃部分：（個位數本質是「4」）

丑中丰丹之尹予互今什仁元勻升卞少巴引牛

五劃部分：（個位數本質是「5」）

世且五布市平弗弘戊生田由甲禾立

六劃部分：（個位數本質是「6」）

臣六名同合吉羽回地妃如宅守安宇年早曲次米
聿衣圭

七劃部分：（個位數本質是「7」）

延告均妞妤江甫里秀

八劃部分：（個位數本質是「8」）

亞宜侖佳侍卓和坤委定宙宛尚居府庚承昕林金
非

九劃部分：（個位數本質是「9」）

飛革韋俚俊信冠厘芀宣峒建彥是爰畏昀省眇眉
紀秋羿紅科貞軍虹秒紃計赳香芊芎垚姵矜

十劃部分：（個位數本質是「0」）

十圃埔宸展席庭庫料畔秦紐芳訓記迅邗芝

十一劃部分：（個位數本質是「1」）

梁基堅培堆堂婉婕崢常強彩彫振旋曹梵笙笛笠

十二劃部分：（個位數本質是「2」）

珮許章苗近翌翊苑若苹堉晨
博富彭登發程童詠評迪述雅草

十三劃部分：（個位數本質是「3」）

僅傳園填寘新業楚畹睦稜稠竫粲蒲詩詳迺郜鉅
附雋預莘

十四劃部分：（個位數本質是「4」）

墉墐對彰榮睿華翟鳳種綱維綵綠綸輔造逢閨翡
菊菲

十五劃部分：（個位數本質是「5」）

董幟談篇範緹編緯逸諒進誼震論豎部郴逵陣著葡萩逴

十六劃部分：（個位數本質是「6」）

廩彊播曄遲穆縈諺諟輯運道達都雕霏霖臻蓉

十七劃部分：（個位數本質是「7」）

隆遙遜遠蓮

十八劃部分：（個位數本質是「8」）

豐糧繙謹適鄘

十九劃部分：（個位數本質是「9」）

疇疆鄧遵

二十劃部分：（個位數本質是「0」）

藍馨

屬狗・適合此生肖命名時參考用字

二劃部分：（個位數本質是「2」）

人入

三劃部分：（個位數本質是「3」）

土夕寸小山巾

四劃部分：（個位數本質是「4」）

尹云仃今仁允內公午升太少心日月

五劃部分：（個位數本質是「5」）

世玉丙付代以功卯布平必戊玄白立

六劃部分：（個位數本質是「6」）

臣休企仲任伊仰全在守安宇有次竹米聿至衣艮色圭

七劃部分：（個位數本質是「7」）

成伯佈余住伸佐位均宏希李杉里良走

八劃部分：（個位數本質是「8」）

亞武宜佩例侖佳侄侈依侑坪坤夜委宓定宙宗府念忻忠或朋東杰松欣爭竺門長青

九劃部分：（個位數本質是「9」）

南俊俏係削城奎威宥封屋彥扁春柄柔炳相盼省眇眉軍祈祉約衫垚矜

十劃部分：（個位數本質是「0」）

致家倫倩值倢庫烈珍紘軒肱肴肯

十一劃部分：（個位數本質是「1」）

偉乾健偲基堅埜婕專烽芮珪堉婧彪

十二劃部分：（個位數本質是「2」）

惠備傑勝情捷然焯為盛舒越閎

十三劃部分：（個位數本質是「3」）

愉傳楠楚煥煇筠祺補裝鼎脯嫆

十四劃部分：（個位數本質是「4」）

嫣寧對愷愴箏箐獅睿臧粽綾綸愛慈

十五劃部分：（個位數本質是「5」）

僾嫻慳慰樓熨瑩箱節緹逸駒踐褕褊輝鞍

十六劃部分：（個位數本質是「6」）

憬篤縈豫運蒨

十七劃部分：（個位數本質是「7」）

優懋憶獨遠駿

十八劃部分：（個位數本質是「8」）

騏

二十劃部分：（個位數本質是「0」）

懷懸獻騫騰

屬豬・適合此生肖命名時參考用字

二劃部分：（個位數本質是「2」）

了人入

三劃部分：（個位數本質是「3」）

口女子寸小

四劃部分：（個位數本質是「4」）

丑丰尹云仁勻升四壬少才月木水牛

五劃部分：（個位數本質是「5」）

且北卯未生用田由甲白目禾

六劃部分：（個位數本質是「6」）

臣亥仿任伊仰冰名合羽回好妁如字存宅守安宇寺朽次求米羊

七劃部分：（個位數本質是「7」）

兌利呂呈妙妞妤孝宏序李杏材村汐汝江牡甫里秀私豆妘

八劃部分：（個位數本質是「8」）

函亞宜侖侈依佯兔和妹委季定宙尚幸府承杪東林果析松欣沛沒沐沙沂沚秉舍雨

九劃部分：（個位數本質是「9」）

法泰南保俘俊冠姸姜姿扁枹柄某柳柑柜柔柵泳泫治泄河泗相省眇眉秋科秒矜

十劃部分：（個位數本質是「0」）

家兼圃娩娥容桐桂核案桉津洋特茲留秦芳芸芹

十一劃部分：（個位數本質是「1」）

梁婞婭婕崙崧梅梓海浩涓若茉茆娸

十二劃部分：（個位數本質是「2」）

媚富茜棟棲棣森毓淇淋涵清淅淳深淵淦淞淼策茵雲舒粟茗鈕鈞閎閑閒雄集雅黍翔茶

十三劃部分：（個位數本質是「3」）

湘僅廉新楊業楣楠楫湄渠渺湲雷稚莆嫆鈿義莎莘莠

十四劃部分：（個位數本質是「4」）

萍榭榮溢溱箐睿翟種綠銖翡菉菊菴菱

十五劃部分：（個位數本質是「5」）

儆儀嫻寬廚數樓樣槿樑毅葉稷稻稼鋒豎醇鋅葆

葡葵萩鋈鋐

十六劃部分：（個位數本質是「6」）

學橡樺樹潔澄澍燊蒲霍糕豫錄錐霖臻蒙蓁蓉

十七劃部分：（個位數本質是「7」）

孺澤澧鍾鴻

十八劃部分：（個位數本質是「8」）

檬濛濬濡豐穠

十九劃部分：（個位數本質是「9」）

鏗鏞

二十劃部分：（個位數本質是「0」）

瀝藍

先天八字的格局

先天八字按照定格（**編按：規定的格局**）分為三大格，其中雜格在這裡先不探討。第一個大格是**正格**：共分為十格，分別為「正官格」、「七殺格」、「正印格」、「偏印格」、「劫財格」、「正財格」、「偏財格」、「食神格」、「傷官格」「比肩格」。除了「傷官格」要著重貴人運以及個性脾氣外，其餘的在陰陽五行方面，可以平均分配，四平八穩的格局（有財、官、印）即可。

第二大格是**變格**：分別為「建祿格」、「曲直格」、「炎上格」、「稼穡格」、「從革格」、「潤下格」、「從財格」、「從殺格」、「從兒格」、「從勢格」、「化木格」、「化火格」、「化土格」、「化金格」、「化水格」、「半壁格」。在格局挑選上，比較需要費心，陰陽五行的運用，要更細膩，若是喜忌用神和本身的生肖衝突時，格局和用字更不好選用。所以想要命名或改名的人，八字學也要有基礎，最起碼用電腦軟體算出來的喜忌用神要看得懂。另外，要注意的是，不可缺少哪些五行就直接用字去補，而是該用格局去補，除非本身所屬的生肖用字，剛好適合所缺五行，才可用字去補，否則像生肖屬兔、羊的人，補到有水的字，未蒙其利先受其害。

先天八字是「正官格」的人：在個性上比較光明磊落，能夠克制自己的情緒，不輕易動怒，修養夠、人緣好，不易被排擠；品行端正、有君子風度；會克制脾氣；儀容端正、不喜歡奇異作風；有責任感，重視自己的名譽、有良心和正義感、講信用；理性保守、忠心少異動、團體中重服從、嚴守規矩；行事認真負責，重視紀律、知禮守法。缺點則是容易有自卑感、缺乏自信心，不敢立即下決定，個性保守，行事刻板、墨守成規，一切按部就班慢慢來，自尊心強、無法接受嚴厲的批評，謹慎造成猶豫不決，瞻前顧後，眼睜睜看著機會流失。

先天八字是「七殺格」的人：個性固執、主觀意識強，一旦決定便會一意孤行、不計後果、堅持到底、攻擊性強、勇敢果斷，充滿幹勁、開創新局、有氣魄、有毅力不服輸、行事光明不作虧心事、個性剛直不虛偽、講義氣、嫉惡如仇、好打抱不平。負面缺點是嚴肅極權、專制機敏、容易樹立敵人、倔強霸道、猜忌多疑不信任別人、不滿現狀、性情剛烈不穩定、脾氣暴烈具反叛個性，若是被踩到個人的禁忌區域，六親不認，就算是父母也會翻臉。

先天八字是「傷官格」的人：在先天的正面特質上擁有博學多聞的能力，多才多藝、活潑善辯、才華橫溢、學習能力強、重視他人肯定、喜出風頭、唯我獨尊、口才流利、表情豐富、急公好義，天生有藝術的天分、美學方面的靈性。負面缺點是興趣廣泛、博而不精、恃才傲物、無法接納忠言、厭惡禮俗拘束、容易感情用事。

先天八字是「正財格」的人：在先天的正面特質上擁有節儉守信用、任勞任怨、正直正義、有強烈責任感、敦厚不虛偽、不好高騖遠、對本身顧慮周全、家庭觀念濃厚、珍惜金錢、喜歡儲蓄、點滴致富、眼見為憑、不信邪魔歪道、重視物質生活，屬唯物主義者。負面缺點是現實吝嗇、目光短淺，斤斤計較、憨厚有餘變通不足、重視眼前利益因小失大，貪玩不愛念書、嘴巴甜會說話、迷戀特定事物、重物質享受、心靈空虛，懶惰苟且不願吃苦，凡事都沒有長遠計劃。

先天八字是「偏財格」的人：在先天的正面特質上是慷慨豪邁、圓滑機智、頭腦靈活、風流多情、擅長交際口才佳、好客豪氣、妙語如珠、趣事不斷，受歡迎、贏得眾人稱讚，會刻意修飾外表，多機緣巧遇，有金錢異性緣，常有變化得失。負面缺點是虛榮浮華開銷大，不喜家中坐，喜鑽營、善交際，易因異性引起家庭風波。

先天八字是「劫財格」的人：在先天的正面特質上擁有頭腦好，處事精明幹練，具說服力及斡旋協調能耐，能隨機應變、圓融自適、謀事積極、勇往直前薄己利他。負面缺點是雙重性格、嫉妒他人成就、求功心切、不善處理金錢。

先天八字是「食神格」的人：在先天的正面特質上擁有氣質高雅、聰明細膩、重視情調、一生衣食無慮，有口福之星飲食之神，喜歡享受、喜愛藝術、悟性超凡、不願冒險。負面缺點是理想高，喜悠遊自足、忽視現實生活，常懷才不遇、有志難伸。

先天八字是「比肩格」的人：在先天的正面特質上擁有意志堅定、開拓的信心、樂觀進取、知進知退，不輕易向人低頭，渴望與他人並駕齊驅。負面的特質是：自負，不肯察納雅言，具有抗上之心。

先天八字是「正印格」的人：在先天的正面特質上擁有聰穎仁慈、寬容善良，平易近人、淡泊名利，重視學問品德精神，清高自負重人情、有理智具智慧、創造及豐富的學識，易得名聲易近宗教，有貴人提拔與照顧，享現成的福運與人生。負面缺點是消極木訥、不容易獨立，欠缺自主的氣魄，自視清高、輕視金錢，好面子。

先天八字是「偏印格」的人：在先天的正面特質上擁有機智靈敏、臨機應變、反應快、處事俐落、身手矯健、思維機智，企劃創造設計有獨特的才能。負面缺點是內向多疑、耐心不足，喜走捷逕、標新立異，常予人孤僻之感。

先天八字是「建祿格」、「曲直格」、「炎上格」、「稼穡格」、「從革格」、「潤下格」、「從財格」、「從殺格」、「從兒格」、「從勢格」、「化木格」、「化火格」、「化土格」、「化金格」、「化水格」、「半壁格」的人：基本上都是由正格演變而來，例如，同樣是「建祿格」的新生孩子，其先天的特性，有可能是上列十大正格中的任一種，只是在命名時，有關喜忌用神的部分，需要特別注意。

先天八字的喜忌用神

簡單的說，就是先天八字中五行能量分布。通常孩子的先天八字，五行能量的總共數字是60，而每一個五行的能量平均分配是12，當某一項五行能量低於6以下時就是比較少，高於18以上時就是比較多。有些八字的老師在命名時，常會缺什麼五行，名字就補什麼五行，這樣的作法有時候是對的，有時候卻不見得，例如，「潤下格」的人，在「水」有可能高達30以上，占五行能量總量一半以上，但是「潤下格」的喜用神還是「水」。這樣類似情況充滿在各種變格之中，喜忌用神五行的確定，還要先定孩子先天格局，再來就是「身強」與「身弱」，也會影響到喜忌用神的確立。

筆者為孩子命名的作法，還會注意到生肖的五行屬性，和喜忌用神的五行有無衝突之處，如果沒有衝突就比較好處理，如果有衝突，那麼在字的選擇、格局的排法上，就要多費思量，否則依據缺什麼五行就補什麼五行的字，可是會出大問題的。

先天八字的特星神煞

在孩子的先天八字中，有些會影響到孩子的先天個性，和所謂的先天運勢，也就是筆者說的同運不同命，同樣的姓名同一年生，後天的運勢多半差不多，但是成果差很多。例如：同名同姓同一年生，會在同一年賺錢的機率很高，但是賺多少就有差別，有的高、有的低，那麼影響高低的先天因素，特星神煞占有一席之地，所以一樣是在賺錢，怎麼差那麼多，就是由八字所影響。

特星神煞有亮度的問題，亮度共有十二等，越高代表影響個人的程度越深，越低影響的程度就越少。當然好的特星神煞亮度越高越好，而不好的亮度是最低最好，所以孩子在命名的時候，一定要注意特星神煞的影響力，才能修正個性上的不良影響。至於如何得知孩子的特星神煞，筆者告訴各位讀者，網路的發達、電腦的進步，八字的公式已到成熟的地步，許多的網站都有免費試算，就算收費的費用也不高，所以可以多加利用。以下是較常見的特星神煞及代表的涵義：

◎天德貴人：一生安逸，不犯刑盜凶險，可化災解厄，絕處逢生，為最安祥之福星。修養好、有容人之雅量，易近宗教、神佛。

◎月德貴人：承母系之陰德，為安祥、福壽之星，亦可化災解厄，為人仁慈敏慧，萬事全祥。

◎天赦貴人：逢凶不凶，一生處世無憂，不犯牢災，不遭橫禍。

◎天乙貴人：文雅秀氣之星，聰明智慧。人緣佳易得助，凡事可逢凶化吉。

◎將星：有領導統御能力，勇敢、果斷、堅決、臨危不亂，為主管或老闆格，是一顆權力之星。

◎金匱：有機會成為領導者，擅於理財，對金錢之管理能力特強。

◎金輿：聰明性柔，利蔭六親，人際關係良好，有富貴配偶之良緣。

◎華蓋：聰明好靜，少慾望，擅長文章藝術，為孤高藝術之星，對美術、音樂、繪畫、布置、裝潢等有過人才華，與神仙佛有緣，近宗教、玄學。

◎驛馬：奔波忙碌，經常外出，心態上較不安定，較易有搬遷或職位變化，生活不安定，為人聰明伶俐反應快，善於變通，靈機應變，不會墨守成規，社會聲望較高，一生遠行及旅遊特別多。

◎羊刃：個性剛烈勇猛、暴戾激烈、積極躁進、易怒感情用事，多血光之災，意外傷害較多，宜小心行事。

◎血刃：多血光之災，意外事故頻繁，故出外旅遊、行車須多加注意。

◎紅豔：風流浪漫、受大眾歡迎，適合演藝工作，但易發生三角糾紛。

◎桃花：男性多瀟灑俊秀，女性多容姿美豔，須配合其他看是良性的桃花或是劣性桃花，差別在於名聲的好壞。

◎天醫：對醫學有特殊偏好，學習醫術迅速，易成名醫或良醫，即使不從醫而醫學常識亦較常人豐富，另外也適合學習玄學、五術、哲理、心理學等學科。

◎文昌：文筆佳有才藝、文才之星，聰明靈敏，注重儀表，氣質溫文重內涵，在學術界可博得名聲，亦有化災解厄之功。

◎學堂：文學造詣和才華高，表達能力強，有讀書命，適合公職教師。

◎劫煞：個性急躁剛烈，容易有是非破財，官非多，易遭朋友拖累，虛名虛利，注意小腸、耳聾及咽喉之疾。

◎流霞：男人易因糾紛、口舌是非而惹來災禍，也需小心意外事故，女人需注意流產及產厄，懷孕時應多做產前檢查。

◎亡神：又名官符亦名七煞，城府較深，事不露機，喜怒哀樂不形於色，讓人高深莫測。配偶及子女緣薄，較易引起官非訴訟。

◎孤辰、寡宿：六親緣薄，獨創家業，與配偶聚少離多，或較無話講。

◎喪門：運氣不佳時不宜參加喪禮或探病，以免招來霉運或不幸。

◎隔角：做事或出外，易遭困難阻礙隔絕，易因是非涉及官訟或牢災。

◎天財：一生中比較會有意外之財。

◎三奇貴人：博學多能，才華出眾，智冠群英，自命清高，多為教師之人。

◎魁罡：智慧高，膽量大，行為較粗心，富貴之命，決斷力強，博學多才，性剛好強，掌有生殺大權，心思靈巧有潔癖，俗稱固執型。

◎金神貴人：性格剛毅，不易屈服，威權群伏，但亦因剛強過度，惹人憎厭，處處受敵，因而落敗。

◎天印貴人：博學多能，名望高，富貴名揚，心腸軟，喜於助人，即使自己口袋空空仍不願推辭，俗稱爛好人。

◎祿神：一生多貴人相助，可得身外之財，常有意外之扶助，化解困難之象。

◎六秀日：為人聰明秀麗，多才多藝，精於工藝及技藝，學什麼像什麼。

◎三奇：為自命清高型，學問不錯，博學多聞，才華洋溢，智冠群英型。

◎飛刃：為人喜好勝負之事，及投機事業，人緣好，出外大吉，貴人多，唯有時會用刻薄或挖苦的言語來刺激對方。

◎曲直：為人仁厚，慈善，大富大貴，出將入相，高官厚爵之命。

◎炎上：為人豪爽、開朗、必顯達，尊貴、榮華，高官權貴之命

◎稼檣：為人忠厚、篤實、大富大貴，福壽命長。

◎從格：為人剛毅、銳利、義氣，權威顯赫，高官厚祿，大富大貴之命。

◎潤下：為人有智慧、圓滿、機伶，大富大貴之命。

同命不同運、同運不同命

同卵雙胞胎，同一時辰出生，在基因一模一樣，八字又相同的情況下，運勢會相同嗎？答案是不一定。因為名字的不同，有可能造成性格不一樣，思維不一樣，決定事情的方式不一樣，那麼運勢就會不一樣。這也就可以解釋，世界上同一時刻出生的人為何運勢會大不同了。

筆者接觸不少這類同卵雙胞胎，因為名字的不同，格局和字形字義的差別，彼此的個性、理念、思維、作法都大不相同，當然，流年運勢也就有了差別。是否取名叫李登輝的人，都可以當總統？答案是否定的，因為，命、運、風水三合一產生天時、地利、人和的效果時，才能產生最大的可能性，一樣取名李登輝，但八字不同，陽宅、風水不同、時空環境、背景不同，當然就會不同。

但是「李登輝」的姓名格局的確不錯，有兩組「財、官、印」三寶，所以姓氏7劃的人，不妨參考7、12、15的格局看看，但別忘了還要配合八字才可決定格局。

切記，筆者一直強調，不可只用單一門派取名改名，那是很危險的作法。

十二生肖關係表

	子鼠	丑牛	寅虎	卯兔	辰龍	己蛇	午馬	未羊	申猴	酉雞	戌狗	亥豬
子鼠	矛盾	三會		相刑	三合	天敵	對沖	相害	三合			三會
丑牛	三會	矛盾			地網	三合	相害		對沖	三合	相刑	三會
寅虎			矛盾		相鬥	刑害	三合		對沖		三合	六合
卯兔	相刑			矛盾	相害	相破	刑剋	三合	相剋	對沖	六合	三合
辰龍	三合	地網	相鬥	相害	自刑		相剋	地網	三合	六合	對沖	刑剋
己蛇	天敵	三合	刑害	相破		矛盾	三會	三會	合刑	三合	天敵	對沖
午馬	對沖	相害	三合	刑剋	相剋	三會	自刑	三會			三合	刑剋
未羊	相害	對沖		三合	地網	三會	三會	矛盾		相破	相刑	三合
申猴	三合		對沖	相剋	三合	合刑			矛盾			相害
酉雞		三合		對沖	六合	三合		相破		自刑	相害	暗合
戌狗		相刑	三合	六合	對沖	天敵	三合	相刑		相害	矛盾	
亥豬	三會	三會	六合	三合	刑剋	對沖	刑剋	三合	相害	暗合		自刑

地支（生肖）的沖合：

三合：申子辰（合水）、寅午戌（合火）、巳酉丑（合金）、亥卯未（合木）。

三會：亥子丑（三會水局）、寅卯辰（三會木局）、巳午未（三會火局）、申酉戌（三會金局）。

六合：子丑（合土）、寅亥（合木一春）、卯戌（合火一夏）、辰酉（合金一秋）、巳申（河水一冬）、午未（合火）。

六沖（對沖）：子午、卯酉、寅申、巳亥、辰戌、丑未。

六害：子午、丑午、寅巳、卯辰、申亥、酉戌。

相刑：申寅、子午、寅巳、戌未、巳申、丑戌。

自刑：午午、戌戌、酉酉、亥亥。

天羅地網：丑辰未戌。

關於命名的法律規範

幫孩子改名有些規範要注意，尤其是已經幫孩子改過一次名字的父母。依內政部一〇四年五月修正的《姓名條例》第九條規定，有下列情事之一者，得申請改名：

一、同時在一公民營事業機構、機關（構）、團體或學校服務或肄業，姓名完全相同。

二、與三親等以內直系尊親屬名字完全相同。

三、同時在一直轄市、縣（市）設立戶籍六個月以上，姓名完全相同。

四、與經通緝有案之人犯姓名完全相同。

五、被認領、撤銷認領、被收養、撤銷收養或終止收養。

六、字義粗俗不雅、音譯過長或有特殊原因。

依前項第六款申請改名，以三次為限。但未成年人第二次改名，應於成年後始得為之。

一般人為了省事或者相信老師，都會直接用第六款來改名，一旦發現有問題的時候，礙於規定需要等小孩滿二十歲成人之後才能再改名，常常在懊惱中渡過日子，並且產生夫妻之間爭吵的主因，其實就法律而言還有第一款以及第三款可以運用，或許可以找到同名同姓的人，就可以在成年之前再改一次名字。

如果都沒有辦法，筆者的提議是好好利用姓名學所測出的重點，嘗試將現有的姓名所影響的人格，儘量作到將優點發揚光大，缺點則運用生活習慣改變子女的生活態度，持續耐心和子女溝通，雖然阻力仍有，但至少有進展，等到成年後可以改第二次的時候，再讓子女自己選擇吧。

命名程式的使用說明及下載連結

只要有電腦和微軟的操作系統，就可以利用本書所附的程式，來幫助父母排出孩子的姓名格局，以及檢查生肖用字是否恰當。

操作很容易，只要透過左下角連結，將命名程式下載至電腦中，點選安裝程式，就會在桌面上有捷徑的圖示出現，一旦安裝成功，只要點選桌面的圖示，就會進入主畫面，主畫面有單字筆劃的查詢，幫助父母確認自己姓氏的康熙筆劃，有利於後面命名格局的選擇。

至於單姓單名、單姓複名、複姓單名、複姓複名等四個項目的查詢，主要是幫父母過濾所取的名字有沒有立即性的傷害，還有用字對於生肖的分數好不好，作一個初步的鑑定。避免有不好的格局被父母誤用，影響到家運，或用錯了字對小孩的健康可能不利的事情出現。

掃描下載

簡易命名互動程式

幫孩子取個好名字

二〇二四年 龍抬頭風雲起版

【附：2024年度運勢預測寶典&簡易命名互動程式】

國家圖書館出版品預行編目(CIP)資料

幫孩子取個好名字／黃逢逸著．— 19版．— 臺北市：新手父母出版，城邦文化事業股份有限公司出版：英屬蓋曼群島商家庭傳媒股份有限公司城邦分公司發行，2023.10
面；　公分．—（育兒通；SR055K）
2024年龍抬頭風雲起版
ISBN 978-626-7008-59-1(平裝)

1.CST: 命名 2.CST: 姓名學

293.3　　112016949

作　　者／黃逢逸
選　　書／林小鈴
主　　編／陳雯琪

行銷經理／王維君
業務經理／羅越華
總 編 輯／林小鈴
發 行 人／何飛鵬
出　　版／新手父母出版
城邦文化事業股份有限公司
台北市中山區民生東路二段141號8樓
電話：(02) 2500-7008　傳眞：(02) 2502-7676
E-mail：bwp.service@cite.com.tw
發　　行／英屬蓋曼群島商家庭傳媒股份有限公司城邦分公司
台北市中山區民生東路二段141號11樓
讀者服務專線：02-2500-7718；02-2500-7719
24小時傳眞服務：02-2500-1900；02-2500-1991
讀者服務信箱 E-mail：service@readingclub.com.tw
劃撥帳號：19863813
戶名：書虫股份有限公司
香港發行所／城邦（香港）出版集團有限公司
香港灣仔駱克道193號東超商業中心1F
電話：(852) 2508-6231　傳眞：(852) 2578-9337
E-mail：hkcite@biznetvigator.com
馬新發行所／城邦（馬新）出版集團 Cite(M) Sdn. Bhd. (458372 U)
11, Jalan 30D/146, Desa Tasik,
Sungai Besi, 57000 Kuala Lumpur, Malaysia.
電話：(603) 90563833　傳眞：(603) 90562833

封面設計／徐思文
內頁排版、設計／徐思文
製版印刷／卡樂彩色製版印刷有限公司
2023年10月26日19版1刷　Printed in Taiwan
定價380元
ISBN 978-626-7008-59-1（平裝）
ISBN 978-626-7008-62-1（EPUB）

【目錄】

大運分析

「九運」起始年，重視與合相關的人事物

2024 甲辰龍年依照六十納音五行的排序是甲辰乙巳「佛燈火」甲辰年是「火龍年」，同時也是命理「九運」的開始年。命理關於運勢的計算各種公式中，有個公式是每 180 年是大循環，180 年裡每 60 年是中循環，20 年是小循環； 180 年等於三個中循環（九個小循環），2024 甲辰龍年是九個小循環最後一循環。

歷史上平均 180 年改朝換代的機率很大，面臨九運開始未來二十年的趨勢往世界國土改變的機率很高，國與國對於領土的紛爭只會多不會少。這二十年世界大局不會太平靜，如有動態的平靜已算是苛求，出生這個時代的新生代，成就名留歷史不在話下，更多因動盪流浪四處的情況也不少，未來二十年四處遷移發展找機會成爲一般人民生活常態。

起承轉合四階段中 20 及 21 兩年是「承」，「承」的階段壁壘分明排隊站好零和解，從政治到各種產業、制度、規格，堅壁清野的程度匪夷所思。「承」另一特色是轉變定之前風向會改變雲的形狀及屬性，制度及規格最後確定前皆有可能一夕轉變，5G 產品規格網路使用習慣，消費形態改變、政治喜惡、網紅明星的熱度、娛樂方式變化、食衣住行育樂、人之間的溝通、行爲模式準則，改向的速度可比光速。喜歡

捧上天討厭踹下地，這些預測都已一一確立。

2022及23是「轉」的年代，兔年是「轉」的方向確立，轉變就會驛動而驛動就會再轉兩者相輔相成。兔年有潤二月，在潤完二月後「轉」運會更明顯，「轉」是反覆來回確認的轉，也可能是反覆不定的空轉。轉變思維不是創新是架構原先「承」的系統作優化，去年轉變的形態已從個人小市場，例如攤商因疫情關係開啓「類電商模式」利用群組銷售產品，換成集團連鎖店也在轉變，例如台灣的全聯及7—11，這種「轉」不是創新是維新。

重視合，現在、眞實、善良、勇敢是核心

九運的起始年是龍年，2024龍抬頭風雲起，群雄四起頭角崢嶸，上至政治角力，中至企業產業競爭，下至普通人民自我發展，從過去五年來轉的階段進入合的階段。這個階段大約五年的時間，2024是合的起始年，這一年無論是聯合、合作、合併、合夥等等，只要跟合有關的人事物都是重點。

九運核心是「現在、眞實、善良、勇敢」，這四大核心將是未來二十年的主軸。現在是過去的未來式，把握當下珍惜現有一切機會，動盪的年代機會稍縱即「失」，反應慢離失敗不遠，快又未必能掌握先機，只能就「現在」作好一切應有的準備，力量出七分留三分應變，全力投入孤注一擲可以成功的年代不再，「現在」也是未來的基石，「現在」步步爲營謹愼小心，未來就算沒有名垂不朽至少安全下莊人生

無慮。

「眞實」是眞相及實在，「眞實」是純眞和誠實，在「現在」核心下眞實這個核心要當作基本原則，沒有眞實這個核心打造的基石是空洞，隨時一個風浪就會沉沒，凡事意念要眞才能找到正確的方向，實在的步伐才能邁向成功。

「善良」是善念加良心，「善良」是心口善手腳良，沒有善良這個核心成就有限，自私並非不好但成就廣度深度就不夠，無法利人利己至少作到利己不損人。「勇敢」是勇於承擔敢行動，「勇敢」是勇於反思敢認錯誤，步步爲營謹愼小心不是保守防守，是立於安全無憂之後要勇敢行動主動出擊。

2024 龍年「現在、眞實、善良、勇敢」這四大核心用心開始運用，運用越早越能掌握九運的趨勢方向，佛燈火的年度正是人心立定方向觀念立定方位的年度，看清任何人事物本質眞相就不會迷失謊言夢境中，實在作人不偷天換日有難衆人幫，善予人往惡念莫生壞運不來，勇於付出敢於施捨利從八方至。

對個人生涯發展依年齡不同思維及方向大不同，新生代三歲以下的小孩是九運中出生成長主人翁，多變的九運讓新生代二十年後群雄四起精彩事跡不會少，二十歲以內的人群面臨最嚴苛人生發展，迷惑多變的世界虛虛實實不知所措，煩躁急促天天可見，心靈成就感將是這一代的主軸。

二十到四十歲的群組在九運的二十年裡，適應局勢隨時改變保持穩健心態，增加第二甚至第三專長彈性更改出路，

個人的專業讓人無法替代是重心。四十歲以上的族群在未來二十年需認清時代改變不再以十年計算，已經改爲年年都在改變，擁有的隨時可能失去，複雜多元訊息需要擇要，快速找到事情的眞相，強化本身原有的專業技能不被淘汰爲首要任務，生活模式成爲動態平衡，想有安逸穩定不變是奢求。

2024 磁場注意事項，小心天災及人禍

天災地震年年有、月月有，但其實是有規律性的。統計以往大型天災人禍的發生，在生肖年的正沖月及對沖月的月份及其前後半個月發生機率最高（正沖月及對沖月是以 24 節氣的農曆爲準，不是以一般的農曆初一爲準）。2023 年的土耳其大地震是在太歲月前十天左右發生，摩洛哥地震是在對沖月 20230908（有人稱歲破月）中發生，節氣是白露剛好對沖月第一天，20230910 利比亞洪災超過萬人死亡，1999 年 921 也是在對沖月期間發生。

每年每月都有地震，但在太歲月及對沖月發生的地震傷亡超過千人，甚至萬人以上的記錄比比皆是，所以要特別注意太歲月及對沖月的災害。跟龍年有關的天災記錄最近的是 2012 年 10 月 22 日（對沖月）美國大颶風十天，還有 2012 的 4 月 11（太歲月）是蘇門答臘近海 8.6 地震（沒有傷亡），緬甸地震 2012 年 11 月 11 日（對沖月後十天內），地震規模爲 6.8 該地震造成至少 26 人死亡。

依統計學的方式證明，當年正沖月及對沖月發生大型的

天災及人禍的機率佔八成，比一般月份高出許多。依照統計模型預測 2024 年可能比較嚴重天災的時間點有兩個，一個是農曆三月（國曆四月四日到五月四日及前後十天左右）是太歲正沖月；另一個是農曆九月（國曆十月八日到十一月六日及前後十天左右）是對沖月（這裡再強調是以二十四節氣計算的農曆非傳統農曆）。

統計中發現，對沖月會比太歲月來的劇烈嚴重度比較深，比較有感的大型天災地震六成落在對沖月四成在太歲月。另外，不管是政治衝突、金融市場動盪、大型交通事故、大型意外事件及社會事件產生的機率發生在對沖月超過六成以上。

2024 隱性本質，眞實善良才能長久

2024 龍年是開啓未來二十年權力財富關鍵年，大運來說，政治方面絕對是重中之重，國內外重要選舉剛好都在今年完成或就任，上任者至少影響未來四年，同時開啓未來二十年大方向。中運指的是，產業面發展就是同產業中的競爭戰鬥，新舊產業盟主地位競爭，新興產業是否取得龍頭地位，舊產業是否進入革新再造參與風雲，今年會有明確方向發展。小運是指，公司內部一般人之間的競爭，甚至家庭方面戶長地位之爭都有。

每逢牛龍羊狗年都會跟財庫有關。2024 年的財庫跟權力有關，判斷在今年有關政府有關的錢財會是重點，好的一面

是政府主導的工程也好產業也好，比起其他年度會更加放大，壞的一面跟弊案揭發變多也會有關，權與錢在今年會比其他年度更明顯。

人心人群的驛動已從工作方面擴大對區域不穩定的驛動，企業對人才經營作法需要微調整，優秀人才直接比照國外薪資比較能留住人。兔年開始大公司易得人才，小公司找不到人的主流確立，人才不是往已有品牌的大公司就是自由工作者的兩極化發展，中小企的發展要有新思維，員工忠誠度的理念已和以往大爲不同。

三年來因疫情引爆加速的「第三者行業」成長到去年「第三者行業」，「轉」的模式進入停下、思考、合作、整合的一連串轉變模式，暴衝後降溫轉變更細膩方向。「第三者行業」未來十年不會消失，轉變的過程會加入自動化人工智慧的因子進入，轉變更多元更方便人類生活的方向，從 2024 開始的未來三年進入「合」的階段，本業整合、異業結合會是重心。

人設在 2023 兔年桃花紛亂的年度大爆裂，「me too」活動在台灣轟轟烈烈，網紅人設翻船、明星中箭落馬創紀錄。2021 開始各種社群媒體的迷幻世界（元宇宙）漸漸取代眞實社會成爲重要生活環境，第三者行業（這裡是社群媒體）掌握生活方向與趨勢，沒有眞正自我的人只會跟隨消失在網海中，甚至被騙成爲資訊受害者，人設脫離眞實本人太多在未來容易毀滅；前年政治人物論文事件及去年台灣的網紅及明星事件都得到證明。迷幻世界中人格設定好、演的好就有龐

大的利益，有人喜歡有人厭惡沒關係，眞實生活中獲利最重要，現實人生中跟網路形象不一樣沒關係，只要不出糾紛上新聞就好。

九運的年代是「現在、眞實、善良、勇敢」，符合者受歡迎利益也可期，2024 開始刻意的人設不容易矇騙過關，還是眞實比較好；哪怕是眞的人格鮮明反社會反舊思維，或是男生渣男渣到底，女生三更半夜談男人談男歡女愛，總比男人愛家愛小孩翻船來的好。人格眞實最重要，否則支持的時候是無條件瘋狂支持，一旦事發也會無條件滅亡，擋住利益毀滅你，資訊透明快速的年代，人人是演員想下台都不行，想有公平正義要下輩子。今年人設崩塌的人物主要是政治人物，網路世界主要是公共事務有影響的人物，在這人生如棋的世界裡，你會是那顆棋？

貧窮線決定發展走向，轉對方向避免靠近貧窮

疫情後通貨膨脹讓依賴勞力的人群更難生存，脫貧能量更微弱不可得，貧窮線臨界點影響人力流動趨勢，未來二十年世界走向「共貧」時代。大國富裕是假象，人力往大國走只是延後貧窮線，小國反因人力流失加速貧窮，階級已形成。富有者輕鬆日進斗金，貧窮者忙碌一天溫飽難料，中產階級消失社會更雙峰，貧窮者更加倚賴政府福利，政府福利預算更加沈重反不利經濟發展，未來貧窮線臨界點的到來政府破產，是這波「合」的過程中非常重要的課題。

個人部份在「轉」的過程中如果沒有轉對方向，加速往貧窮臨界點靠近，近年來有團體對貧窮家庭的子女展開課後輔導，希望減少與富有者子女資源差距的距離，希望在轉變過程中減少放棄的可能。網路互聯網興起各種新興行業，造就各類明星各種財富，2024 龍年開始「合」的運勢，各種現象將會調整結合，除了讓人方便快速找到你之外，真實善良才能長久。

2024 火龍年十二月份特質

（農曆以節氣為主，跟習俗農曆會有誤差，兩者之間的誤差就會產生不可思議的影響力）

日期	特質分別與注意事項
2／4～3／4 農曆一月	**龍壓虎嘯月**：想躲也躲不掉每件事都會牽涉，好處沒有壞事一堆，沒有的事一樣閃不過，不如平下心好好面對比較好，嚴苛考驗咬緊牙關向前進。注意交通及碰撞的問題面對人際關係是好運源頭。
3／5～4／3 農曆二月	**龍兔分離月**：矛盾心態揮之不去想要往外捨不得現況，更多時候茫然不知所措，走到最後依舊在十字路口徘徊。投機性賭博性的事情不要碰，幸運度不夠小心慘輸，減少應酬不要勞累。

4／4～5／4 **農曆三月**	**太歲正沖月**：天災人禍密集月，犧牲奉獻沒有回報，不管怎麼作都被嫌，謹言慎行多說多錯，拖延戰術工作不保；精神壓力大容易失眠，用錢小心謹慎手頭沒有那麼寬裕，太晚洗澡睡不著覺。
5／5～6／4 **農曆四月**	**人脈混雜月**：急容易作出錯誤的決定，凡事急事緩辦最後勝利機率大，說服力不好難以得到支持。真實友誼大考驗，拆夥事不會少，男女桃花糾紛多，爾虞我詐互相猜忌攻擊不會少。
6／5～7／5 **農曆五月**	**強弱分明月**：壓抑情況不會少，適當壓力可以讓自己成長，細心點謹慎點，粗心大意出錯機率高。明哲保身少管閒事平安至上，對立氣氛隨處可見，交通事故機率偏高，男女桃花爭端要小心，意氣用事困擾連連。
7／6～8／6 **農曆六月**	**財富緊縛月**：財務寬鬆度減少，投資環境險峻加高，調整理財步驟及事項，煩躁心隨溫上升，額外支出比例升高，保留一點安全資金才能保平安。直覺投資虧損累累看得見，負債投資有風險。
8／7～9／6 **農曆七月**	**驛動人心月**：加把勁讓人重視，雖然有點口舌是非多的現象，很快就會隨著機運的成長而消失；眼光放遠一點，現在只是剛開始而已，溝通方面要多費心，意氣用事招來更多煩惱，強勢作為後遺症隨時會到。

9／7～10／7 **農曆八月**	**貴人相助月**：人脈多少好壞成關鍵，有人脈的人這個月有貴人運，有自信就有機會，要有信心不必害怕作不好；別人想幫也才有理由，一味退縮無法得到人助天助，想要有戀情聯誼是個好機會。
10／8～11／6 **農曆九月**	**歲破傷財月**：憂愁善感唉聲連連不愉快，丟三落四被人嫌，避免介入糾紛不如度假；凶曜煞氣比較重突發狀況隨時發生，深夜活動易有摩擦早點回家比較好。遇到不順的時候保持冷靜，不可以逞一時之快。
11／7～12／5 **農曆十月**	**壓迫傷心月**：不逃避面對現實危機就是轉機，人際關係可化解不少危機。急把所有事都完成不切實際，忌急躁要冷靜事緩則圓就可解決，團隊的力量比單打獨鬥好，心情會影響判斷，心情的起伏決定好壞。
12／6～ 2025／1／5 **農曆十一月**	**桃花利益月**：速戰速決不遲疑人脈是金脈，不要以為所有人都在跟你作對，想作的事情十拿九穩，態度客氣收獲大，謹言慎行人人都是你的福星，偶有小錯依然有貴人相助，記得感謝同事伙伴。
2025／1／6～ 2／3 **農曆十二月**	**人心檢測月**：見好就收，未完成事加速收尾，儘快將手上的工作完成，以免夜長夢多，拖拉壓力接踵而至。多聽多學少決定，人脈能用盡量用，態度越積極好運就會更旺盛，有聚會要參加不讓機會流失。

投資運勢

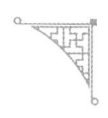

產業在九運的大趨勢發展

三元九運（洛書運），二十年為一運，三個二十年為一元共有三元，分上、中、下，上中下元再分 123 運為上元，456運為中元，789運為下元。2024年是下元第九運的第一年，九運五行為「火」，以火對應五行的行業就是未來二十年該行業的長期趨勢，有關火的行業就是未來二十年的重心。

火的行業無論是陽火類或是陰火類都會是主流，其中陰火類的產業如 3C、AI 人工智慧、電商、網路、虛擬實境（元宇宙）、電動車等都是屬於陰火類是主流中的主角。陽火類如石油，太陽能等屬配角，八運末期（2023 年及前二年）剛好在進入九運之前即已開始熱身轉變是否巧合不得知，現階段來看快速發展的趨勢沒有錯。

五行的火開始旺是旺這些行業，或是跟火相生相剋的行業才會是跟對主流，如果沒有接觸，或是五行是相沖的是不會跟著旺，要旺火的行業需要去做接觸才會有效。

產業五行屬性看火龍年的發展趨勢

三十年河東三十年河西，三十年向上三十年向下，十年一輪好壞照輪十年是一個中型階段。51 ～ 60 年是台灣產業

轉變期，農業轉向工業，加工區大量設立代工加工為主製造業開始興盛，台灣經過這些轉變成功後立下電子產業基礎；同理，110 ～ 120 年也會是轉變期，台灣大運改變到來也是最重要十年。台積電世界佈局、疫情帶來生活改變，2024 火龍年產業整合統合的方式影響一般人工作的選擇，新世代來臨人力流動加大加劇，出國工作不再是少數人。

2024 年從過去翻「轉」模式，進入「合」的初階段，整個「合」的模式要到 2026 年才會完成，AI 人工智慧，元宇宙虛擬實境開始進入整合統合的時期，合的快慢就是勝負的關鍵，電動車、遠端醫療，朝向整合統合發展，銀髮年代來臨對於產業的變化已逐漸成型，減少人力使用 AI 自動化，產業發展朝向人類方便迅速實際生活面進行。

每一年針對五行行業走向趨勢所做的分析準確率非常高，2023 航運停滯緩危機現。貨搶櫃搶船運費漲十倍反轉變船搶貨降價，生技業疫情後續熱潮，實體店面加速倒閉，都在預測中沒有脫離。2024 年產業開始進入「合」的模式，今年的合以整合、合作、聯合為基本主軸，新的大運有新的產業模式出現，像電動車、AI 等需要合縱連橫成群結隊，一般傳統或已成熟的產業也是如此。電商在去年經過「轉」的模式之後，個人電商和店面產生融合，今年起整合出新的經營模式，電商平台將會聯合整合及合作。

通膨影響從 2024 年後半年開始失效，升息的趨勢平息甚至會有降息的聲浪出現。2024 年是台灣轉變第三年，過去幾年的實際變化已確認這一波上升的運勢高度有限，人才外流

大於進入現象明確。2024 國內產業進入單峰時代，各產業的龍頭越大，中小企業不存在，個人品牌網紅模式繼續發展，末端經濟低端經濟成生活化，可選擇行業看似多元實際少的可憐，最低工資政府補助仍然是 2024 重點，生活需求基本需求成國家問題。

屬金的產業

先強後弱	貴金屬、重金屬（銀、銅）鋼鐵
強勢延續	汽車類
轉移確立	電子硬體類（周邊）
反覆一年	電子硬體類（NOTEBOOK、平板、手機）
前弱後強	金融類（壽險）、證券類

2024 龍年的流年是火龍，屬金的行業在火龍年是相剋的情況，屬於剋我的模式，火龍年的火上半年不夠強下半年才會開始強，在生肖上龍五行前木後土，屬金的行業前半年仍然平穩波動不大，下半年產生「剋我爲官殺」的機率提高，簡單說就是國際間政府干預的機會提高，國際間的合作會有變數，政府的政策影響屬金的產業動向，好壞跟著政府及政策走。

貴金屬像黃金白銀今年前半年還算平中透強，到了中秋之後開始轉弱的機會提高。最大變數看國際間的矛盾強弱時間點，政治影響強弱走向，眞金白銀（黃金）震盪較小，假金（銅之類）以及鋼鐵類震盪比較大。

汽車轉變已確立，純電動車或油電車已成主流，國產車

已轉變電動車開始上市，今年開始「合」的指標以汽車爲主，汽車類的電動車大放異采，大衆電動車開始亮相。

電子硬體類（周邊）大量生產改變人類生活習慣的產品，轉移重心的力量及速度會非常快。電子硬體類（NB、平板）運用更進一步改變生活方式，AI 智慧的發展介入生活，NB、平板、手機等這三類或是延伸的產品。今年起處處可見 AI 智慧的影響力，在 2024 龍年整合一些跟生活有關規格後，理論上到了 2025 年因爲 AI 智慧需要更高階處理器及更大容量記憶的關係，會有一波不得不換機的風潮出現，2024 全年平中透強。

金融類（壽險）、證券，經過去年的驗證，的確在證券類中上下波動大往偏弱走。金融業好壞員的會隨著人爲因素（政治）波動大風險加劇，在今年前半年仍然在調整 2024 年餘波，下半年中秋後會逐步擺脫弱勢轉平向強，前半年升息停降息機率平，下半年降息機率平轉高。

屬木的產業

平中求穩	生技、醫療、健康食品
平中透強	安全食品、有機食材
降低需求	紙類、橡膠類、紡織類
聯合合作	政治、教育、補教

九運的重心是「火」木類的產業成爲輔助後勤方向發展，有些產業從八運時的主角到了 2024 年開始慢慢成爲配角，仍然是重心但不再是核心，或許不甘心成爲配角偶爾會搶點戲，

但時不我予年代已過眞的只能是配角。配角演的好還是會深入人心，木類的產業因類別不同，配角的戲份也大不相同，生技、醫療、健康食品是一線配角，安全食品、有機食材是二線配角，紙類、橡膠類、紡織類是小配角，政治類是特別演員。

生技、醫療產業去年是近年來最後爆發期，今年開始是平中求穩，主要疾病用藥也從前幾年轉變改變到今年開始整合聯合。新藥或特效藥傳統疾病爲主，慢性病以往的用藥觀念經過整合調合後，不論是用藥方向還是數量進入新觀念時代。精準性提高產業穩定性強之後，產業發展自然進入平穩期。

生技、醫療、健康食品等產業轉變已完成，未來二十年的主流以維持健康安全爲主，防護人體健康產品生活化，防守保護個人免疫爲主，百病都治的產品不再令人相信。

安全食品、有機食材轉成生活的一部份，天然無毒食品品質重視成常態，對於價位已經開始生活化，健康有益的主題轉成探討差異度。防失智防記憶衰退及銀髮系列產品越發重視。

紙類、橡膠類、紡織類等，未來需求回歸正常化，除非政治干涉否則只是生存沒問題，要有很好的發展比較困難。

政治、教育、補教等，按照九運的發展，政治是九運的重心，因爲關係到國土的變化，理論上烏克蘭事件應該會在2024年會有好消息，龍尾蛇頭的機率高，就是中秋後明年端午前之間機率最高，九運二十年前五年是合，六到十是分，

十一以後是動盪，今明兩年是談合的最佳時機。很有趣的一件事是台灣的選舉是兔尾選定龍年就任，完全走 2023 年八運結束（選舉定）2024 年九運起頭開始年（新上任），世界各地的選舉在 2024 年的也不少，選舉結果影響到九運二十年主要走向。

屬水的產業

谷底翻身	金融（理財類、銀行）、壽險
弱中透堅	電信、通信、通路、航運
配角確立	傳統電腦、IC 設計
新生開始	百貨類（實體店面）、觀光、貿易
矛盾對立	運輸類、流通類（網路為主）

屬水行業和年度五行流年屬性是相剋，是我剋爲財的格局，剋的好自然財源滾滾，剋的不好賠了夫人又折兵甚至倒閉關門，「剋」的意思指的是吃定沒有我不行的意思，例如 AI 智慧的運用，IC 設計產業方向對的話叫「剋出爲財」，大小錢源源不絕，方向錯反被吃定反被吞噬自然就是賠了夫人又折兵。

傳統電腦搭上 AI 熱潮成爲重要配角，2023 年秋季開始傳統電腦轉向成爲 AI 成員後在今年下半年起將會有一小波換機潮，傳統電腦會小改革變向類客製化產品，將家庭生活 AI 更人性化邁進。

IC 設計更是爲 AI 人工智慧量身服務，是重要的配角甚至可稱爲小主角，IC 設計跟車電有關的持續發展，元宇宙部

份會有一部份成果出現，主要是跟 AI 有關的比較容易出線，社群部份分流確立，族群習慣需求決定社群軟體興衰。

貿易、觀光業及百貨業 2024 年新生命開始，貿易經過十年的改變，已經跟過去傳統買賣的貿易大不相同，從單純的買賣轉向服務到現在轉向規劃為主的貿易完全不一樣的貿易形態，舊思維的公司正在退場中，新形態的貿易這一兩年將以新生的面貌出現。

觀光業在後疫情時代以新生的角色重新出現，舊形態已打破正在重新以新生命力出發，以前的旅遊思維行為不再重現，取代的是新的旅遊觀光概念，人力依然是核心服務人力是關鍵。

金融及壽險因疫情引起的危機已過去，升息影響也在今年轉向正面，去年補血積極是反轉一年，今年算是谷底翻身年。

航運大發利市已成回憶，去年轉弱今年弱中透堅，畢竟航運是產業貿易成為必須要使用的工具，只有景氣循環不會消失。

電信、通信跟航運一樣進入景氣循環年代，高低上下差異不大，每年的換機期待降低反應冷淡，合併、聯合才是影響獲利的因素，公司營運思維左右獲利高低，異業整合統合聯合是否讓使用者買單也是成敗關鍵。這一項預測今年持續。

百貨類（實體店面）轉變暫告段落，已陸續完成轉變。社區型百貨連鎖店面調整完成，一般店面消失店面空屋率高正常，租金不是重點消費心態才是關鍵點依然是今年的核心。

運輸類、流通類（網路爲主）符合讓人更幸福更懶惰的特性繼續熱絡，外送服務進入整合淘汰期（包括人員淘汰），直播行業本人亦成功命中網紅糾紛事件，今年依然是人設考驗年，人格特質正確的人才能生存。

屬火的產業

轉強平穩	LED 光電、感測族群
強帶平穩	3D 感測、太陽能、電機類
轉強主角	DRAM、半導體、光學類
平中透強	石油塑化，被動元件
強弱兩極	電腦軟體類

2024 年產業屬火就是本命年，本命當家至少六十分起跳，至於能跳多高就看助燃的配料是否充足，配料完整燒一整年，不完整斷斷續續溫度有但不會燙人。

石油塑化屬明火，跟流年的火不是一路人各走各的路，有時候要脾氣作對該上不上該下不下就是不受控，石油組織意見不同機會大，都想當頭混亂局面不會少，供需問題看成員各表一方，控制得宜繼續有錢途失控錢景不亮，上下之間的方向以石油組織協商爲主爲基準。

DRAM 屬暗火符合今年流年火，2024 年如果政治面沒有太大干擾的話，應該是火一整年，火到什麼程度就看配料及氧氣，配料就是配合產品的出貨順暢度，例如傳統電腦，AI 計算機等，氧氣指的是市場對產品認同及購買力。半導體、光學類算暗火，走法跟 DRAM 一樣，只是各自配合的產品不

同，要看各自配合的產品順暢度，各自火的程度也就不同。

LED 光電、3D 感測、無線充電、被動元件也屬暗火。跟年度的火也相生，一樣要看各自搭配的產業定今年可以火到什麼程度，LED 光電族群，3D 感測、無線充電起伏看主事者，被動元件走法弱轉強，太陽能明火暗火都有配合電廠建設蓋電廠的持續好光景。生產模組等屬明火淘汰期劇烈震盪依舊只能靠內需，今年簡單說配合政府的有錢賺，能量不夠旺的市場拱手讓人。

屬土的產業

營建、水泥、房地產等是轉變的第三年，屬土的行業在九運二十年是短空長多，2024 年流年的五行是火，這個火太弱無法形成火生土，反形成土多火埋熄火了，雖然是有點熄火狀態但餘燼溫度仍高，明年再一年悶燒後年重新燃燒的機會大。

預測房地產受原物料影響惜售或報價提高，政府的打房措施頂多今明兩年影響降低，世界各國的升息說不定反降息，房市反彈格局結束後第三年（2025 年）恢復反彈機率高，熱門地點區域的兩極發展如預期繼續發生。

營建、水泥在今年是反覆的第二年，多空拉鋸持續精彩，多空各有擁護者，漲多回跌開始平穩，時機點落在年底過年前，水泥外銷環境好今年依然熱門，內需的房地產在今年依舊觀望甚至低迷，企業廠房成長開始趨緩，但辦公室成長力

道變強。

2024 年轉變的年代第三年，都市化比較明顯地區外，交通便利離市區稍外的郊區是主角變得更明確，標榜生活品質機能強的地點，上班時間距離遠的地方轉賣不易要小心。店面因網路行銷無店舖影響不再吃香，投資店面不再是金雞母，店面房地產買賣價錢下跌成常態，都心地區下跌訊息更多，一般房地產有些地區可能跌幅大，要買到理想房子理想區域還是得趁早。因爲數量眞的稀少，下一波房地產反彈向上的時間約在 2024 年底 2025 年上半年左右，現在的時機自住者可精打細算入場，投資者要小心獲利的點位越來越高，這兩年可能賺的少賠的機率相對高。因應老人社會到來沒有電梯的房地產逐漸被淘汰。

近期注目產業的發展與走向

網路行銷電商服務確定大於傳統店面，投入電商網路銷售業績是店面十倍起算，許多行業及無店鋪經營的人重啓希望。餐飲行業更明顯因疫情翻轉傳統習慣，用錢換時間的人越來越多，因疫情希望減少接觸危險的人也多，讓人省時間又安全的項目已形成新興行業。行動辦公室行動工廠，行動廚房行動咖啡館已經不特殊，行動升級可能一年升級好幾次跟不上就淘汰，包括使用者跟不上連帶自己也被淘汰，吃飯少了出門時間多出的時間運用可作多少事，如何利用零碎時間成爲勝負關鍵時代正式來臨。

傳統產業需調整想法，無店舖的便當店可以生存嗎？答案是肯定甚至已做到零廚餘的階段，人力缺乏隱憂解決反變成中下人力找不到工作，傳統銷售消費關係變不一樣，老店不死只是凋零甚至在疫情時代一一消失最後只留記憶中。

面對面服務只剩下醫療及長照，人與人實際面對面接觸機會變少，面對機器電腦手機多，感情及思維方面的問題變多，對於心裡情緒的行業也會開始興起。心裡調適的行業書籍各種管道的諮詢豐富多樣化。

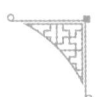

居家運勢

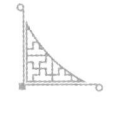

陽宅理氣（流年）開運法

陽宅開運分格局（固定）及理氣（流年）兩種。格局是依空間用途畫分位置與吉凶，是永久不變的，簡單講就是買房或辦公室一開始的裝潢要用格局去看，裝潢好就是家運及公司運都定了不會變，除非改變裝潢。理氣指每年家中各方位所相對應的磁場作用，簡單說就是每年各方位區域影響到個人運勢的類別跟好壞，雖是古時理論，至今仍具準確度。

此處著墨於理氣開運法。先弄清楚家中座向角度，再畫九宮格，並標示方位（參考依古時圖作為例的下頁圖）。開運物的喜好因人而異，這裡只做方向性的建議。方位指的那方區域並非角落。

甲辰龍年的流年五行是火，以正中央來看是祿存星當家，2024 年祿存星入位，主要影響有關溝通方面引起的口舌是非吵架，陽宅流年的擺設重點是以化解家庭成員（或公司成員）在溝通時有良性的互動避免溝通不良引起吵架為要務。

九運共有二十年，自 2024 年開始第一個年度，未來 20 年陽宅開運擺設物品主要是以字畫（符號）為主。文字是中國文化很重要一環，東方命理最早使用最方便的開運物就是文字，符號或符令是由文字演變而來，具有不可思議力量。最早的文字是由天然地形地貌產生，才會有倉頡造字驚天地

泣鬼神的說法出現。

木類開運物爲輔助，開門見材（財）不請自來，擺設木製品類的開運物，隱性財富比較容易獲得，九運五行是火，依顏色看紅色系列的開運物理論上都行，火生土，黃色系屬土也可以，木製品符合木生火的特質，顏色木頭大都偏黃色也剛好，所以木類開運比較符合九運。

家中的東南方	家中的正南方	家中的西南方
二黑土，疾病根源，切莫動土，乾淨清潔	七赤金，盜賊之星，宜靜忌動，精神恍惚	九紫火，喜慶之星，催旺桃花，人氣指標
家中的正東方	**家中的正中央**	**家中的正西方**
一白水，貪狼星臨，驛馬桃花，延年方位	三碧木，祿存星－影響是非爭鬥，賊星破財	五黃土，廉貞星臨，災病凶星，動土傷身
家中的東北方	**家中的正北方**	**家中的西北方**
六白金，武曲星臨，偏財升職，驛馬星動	八白土，財神臨宮，添丁正財，福慧雙至	四綠木，文昌高照，科甲功名，思慮旺位

姻緣、人脈有別，招桃花要選對方位

正東方與西南方都是桃花位。未婚男女求姻緣早來或早結婚，開運物要擺在西南方，向月下老人求取的開運物放在這裡最有用，這個位置如果是客廳的話，可以放上餅乾麥芽

糖或是糖果，放上兩三天就可以請人吃，每個月至少擺一盤請一次會有很好的效果。另外，擺花瓶的話要裝水插上雙數百合花，才能達到最大催化桃花效果。

正東方的桃花位主要是跟人脈人際關係有關，蘭花或粉晶類水晶都有不錯效果。求人脈可以寫上「吉祥」兩個字放至這區域，想利用人際關係賺錢，可放上代表聚財的物品，有利用人脈賺大錢的機會，例如聚寶瓶、貔貅，今年龍年擺生肖鼠的飾品（鼠代表桃花）。

招財物放對位置，錢財滾滾進到口袋

正北方和東北方都是財位。正北方屬文財位另兼有添丁磁場（臥室在此，懷孕機率高），想懷孕生子建議擺放添丁開運物，如絲瓜飾品（代表瓜瓞綿綿）或小豬飾品（代表多子多孫）。文財位適合靜態開運物，如水晶洞、檜木聚寶盆。另外可寫「平安」二字放置正北區域財平安人平安。

東北方的武財位適合攜帶式或可搬動開運物，工作想驛動或創業者可擺放綠色系開運物。有升遷機會者可刻方型印章擺放（代表權位在握），再以工作性質區分，屬內部主管位置，以黃白色系印章爲主，屬業務外務位置，以紅紫綠色系印章爲主。從事業務或國貿工作者，擺放黃色開運物，期許財富滾滾流入口袋。

文昌流年在西北方，助益之物以蟬爲主文昌筆爲輔

西北方是文昌流年位置。家中有要面臨大考的孩子或是正在準備公職考試者，試看看這個位置擺放文昌飾品，有做文昌筆或文昌塔的人也可以擺在此。雕刻的蟬有一鳴驚人的作用，當然蟬也建議隨身攜帶。文昌位也有貴人相助的作用，沒有考試需求的人，可以當作貴人位來運用，例如職場上可以找這個方位的人幫忙，或是坐這個位置的人今年貴人的機率比較高，可以放玉石類的物品，身上戴玉飾品也是不錯的選擇。

住家遭竊機率雖低，職場盜賊不容小覷

正南方是盜賊方，如果是在大樓都有保全系統，家中小偷上門的機率比較小，大型社區靠近正南方位置的房子依然要小心小偷上門，按照這個原則今年南部縣市機率提升。

現代陽宅的盜賊方最主要的影響是在職場上，坐在辦公室正南方位置的人要小心錢財被盜竊；或是創作創意容易被竊取，最好先法律登記才能放置此區域，老闆本身坐在正南位置，今年合夥做生意被捲款或監守自盜的機率大。房間（睡覺的地方）剛好在正南方位置的話容易會有恍神、東西亂丟的情況發生。這個區域可以書寫「富貴」二字，化解被盜竊反成富貴之意。

確實遵守不宜動土，身心靈平安不煞到

東南方和正西方不宜動土。不宜動土包括換床組換主要衣櫥，未遵守容易「煞到」，造成身體和心靈莫名其妙的生病或恍惚。小孩在這個方位睡覺的話，容易睡不好精神煩躁情緒不佳，可用草本植樹芙蓉泡水時常清潔這個區域，如果非動不可請找找個專業老師擇日求平安和心安。正西方區域可以書寫「如意」二字放置，增強開運的效果。

擺放綠色植物化解，免口舌是非與官司

正中央是口舌是非與官司之位，客廳位於此家人容易意見不合、爭吵不休。主臥室位於此，夫妻吵架難免，幫人背書作保官司跑不了。辦公桌在公司這個位置的人，易與人不和，意見相左難溝通。會議室在公司這位置討論難有共識，建議擺放綠色植物化解，或用天然葫蘆掛飾也沒問題。

命名須知

2024 火龍年名字用字影響運勢強弱

命名部份只有生肖考量不夠完美，只用八字的喜忌用字命名也不夠周全，單一選擇考慮不周產生過與不及的現象，需要生肖加上先天八字的喜忌用神搭配才能周全完美。

多年統計經驗中發現「生肖姓名學」對個人的健康與運勢有關連。生肖的判定以「立春」日爲原則，一般立春是國曆的 2 月 4 日，少數年度是 2 月 3 日。

每年用個人姓名對應當年的生肖，工作事業財庫及人脈都會有加減分的效果，下列屬「龍」忌諱用字除了命名上要避免之外，也可以當作任何一個人在「龍」年的運勢加減分測驗。例如：黃逢逸「黃」是跟長官長輩有關，名一「逢」的部份跟工作事業平輩等有關，名二「逸」的部份跟子女部屬財庫有關。如果姓名在下列忌諱用字中有出現，代表相關的運勢是減分的，相關方面在應對處理上比較有阻礙，阻礙的理由可能的方向在對應字的後方解釋。至於加分的部份請看書本冊上屬「龍」可用的字。

適合的用字與筆劃已詳列在《幫孩子取個好名字》中，這裡僅就生肖「忌」用字做通則說明。若發現和書中所列的字衝突，以正書冊中所列爲主本附冊爲輔。若有疑問歡迎來電詢問交流。

屬龍之人忌諱用字

一、戌、成、戎、戰、戴、盛、城、誠、國、茂、晟、狄、狂、狀、狐、猛、猶、猷、獅、獄、獎、獨、獲、獻、　、威、然。以上有「戌」、「犬」的字根的字，**是犯了「辰龍與戌狗對沖的錯誤」，容易有凡事對著來的感覺，以及不如意之事發生。犯地支六沖的字形，在生肖姓名學中，傷害力最大，無論是六親的緣份，個人的婚姻事業、子女財運、身體健康都會受不好的影響，千萬要小心。**

二、山、屯、屹、岌、岑、岷、岱、岡、岸、岩、岳、峒、峋、峙、峰、峽、島、峻、峽、峨、崙、崗、崑、崆、崇、崔、崧、嵐、嵩、嶺、嶽、巆、巍、巒、艮、良、艱、虎、虔、虜、虛、琥、虞、虢、彪、處、號、寅、演、爐、獻、豹、盧、獅。**以上有「山」、「丘」、「虍」、「艮」、「寅」字根的字，是犯了「辰龍與寅虎龍虎鬥的錯誤」，「山」為老虎的棲息處，「艮」的卦意也是為「山」。凡事相鬥兩敗俱傷，得不到任何好處。**

三、台、古、可、句、召、史、司、右、名、同、合、后、吉、向、呂、含、呈、吟、吳、吾、和、周、味、品、只、石、向、告、咨、咸、問、唯、喻、噹、啓、喧、哈、咭、唐、哥、哲、員、商、束、單、喜、喬、嘉、器、靈、嚴。**以上有「口」字根的字，是犯了「辰龍被困的感覺」，凡事被綁手綁腳有志難伸的感覺，容易鬱悶寡歡。**

四、元、允、尤、兄、充、光、先、兆、克、兀、冗、宏、雄、公、去、兢、孔、弘、引、彊、弟、弦強、張、弼、彎、川、洲、巢、巧、已、巴、巷、巽、選、迴、迎、述、速、遊、導、巡、迎、迪、逢、通、連、造、進、逵、逸、道、達、運、

遠、遷、還、邁、邑、邦、那、邢、邱、邰、郭、鄧、鄭、鄺、郎、郁、都、鄉、廷、延、建。**以上有「辶」、「廴」、「弓」、「川」、「几」、「巳」、「邑」字根的字，是犯了「辰龍降格為蛇，由大變小地位降低的錯誤」**。

五、字、守、宏、宋、定、宛、宣、宮、家、宅、安、官、室、客、宵、宸、寄、賓、寨、察、容、密、寅、富、寧、實、寬、寰、厘、厚、厝、廈、序、庇、庠、庫、庭、廂、康、廉、廣、困、圃、國、圖、閔、開、間、闊、闈、閣、閎。**以上有「宀」字根的字，是犯了「辰龍不喜洞穴的錯誤」，況且洞穴為老虎的棲息處，有王見王的意味在，凡事相鬥兩敗俱傷，得不到任何好處**。

六、艾、芳、芃、芒、芊、芥、芸、茂、茁、苑、茲、荃、茜、荀、莞、、荷、菱、華、萱、蓮、蔣、芬、芙、花、芝、苗、苔、范、苻、苓、若、英、茹、茵、莉、莊、莎、萍、菲、萊、菁、菊、、董、葉、蓁、蓉、蔡、蕙、蕭、蕊、薇、薰、藩、藝、蘋、蘭、藍。**以上有「艸」字根的字，是犯了「辰龍不喜落入草叢的錯誤」，有龍困淺灘之意**。

七、虹、蜀、蜜、蝶、融、螢、蟬、蜂、蜿、蝴、螞、蟠、蜞。**以上的字，是犯了「辰龍不喜見蛇的錯誤」，而且大虫為虎之意，有龍虎鬥之嫌**。

八、田、苗、申、由、男、界、留、畢、當、疆、疇、黃、富、迪、盧、專、單、黃、戰、惠。**以上的字，是犯了「辰龍不喜下田的錯誤」，有龍困淺灘之意**。

九、羊、詳、祥、翔、洋、善、美、羚、群、　、義、羨、養、姜、羲。**以上的字，是犯了「辰戌丑未為天羅地網的錯誤」，羊為未有天羅地網，凡事是困局的感覺**。

十、卯、昴、卿、勉、逸、菟、印、柳、仰、迎。**以上的字，是犯了「地支卯辰相害的錯誤」，玉兔見龍雲裡去，卯為兔有被相害的感覺。**

十一、心、蕊、忝、思、恁、恭、悉、悠、愚、慈愈、感、想、愿、態、慰、憨、憩、懋、懇、戀、怡、性、惟、愉、憶、懷、必、志、念、忠、恬、恰、恩、恆、息、恕、悅、惠、情、愛、意、慕、慶、慧、憲、應、懷、懿、秀、耒、科、秋、秦、秩、程、稜、稚、稠、稟、種、穀、稿、穠、稷、穎、穌、積、穗、利、和、穫、蓁、臻、籽、粉、粘、粟、梁、精、粽、糧、麥、黍、黏、登、彭、豐、豌。**以上的字，是犯了「龍乃不食人間煙火的錯誤」，容易看得到卻吃不到，眼睜睜利益被別人拿走的錯誤。**

十二、臨、賢、藏、士、壯、壽、濤、壹、志、小、少、尖、尚、就、仁、今、仕、代、仙、仰、仲、任、佐、佑、位、伸、企、伊、伯、伶、何、佩、佳、依、侯、俊、俐、信、俞、修、倍、倫、儒、倚、偉、偕、健、傅、傳、儀、億、優。**以上有「臣」、「士」、「相」、「人」、「小」、「少」之字根的字，是犯了「使龍降格為臣、為士、為人的錯誤」，容易由尊而卑、氣勢下降。**

十三、馬、馮、駐、騁、駿、騰、騫、許、馳、馴、駒、駕、駘、駙、驛、騄、驊、騏、驃、驅、驄、驍、驤、驪、駱、騂、騅、騰、驤、駬、駟、駰。**以上有「馬」、「午」字根的字，不宜選用，龍為君王，馬為諸侯，龍與馬在一起，會有助弱不助強的效果，「龍馬精神」的幹勁，只適用在一開始一起創業的時候，一起打拚天下的時候彼此互相合作，等到成功穩定後，君王諸侯就會互相起防備之心，君王怕被**

取代，諸侯不甘只盤據一方，再者龍屬木帶土喜水，馬屬火，所以只幫助在運勢低落的時候，不會幫助已成功之後的運勢。

十四、晨、宸、農、振、震、龍、瓏、瀧、龔、寵、龐、麒、麟、麗、麓。**以上的字，是相刑的字。**

十五、生、牲、產、甥、牟、牝、牧、特、物、牷、犁、犀、犢、姓、隆、浩、皓、紐、鈕。**以上的字，是相破的字。**

十六、金、銀、銅、鐵、錫、鑽、錳、銘、鋁、鉛、鋼、鈞、鉅、鈿、錄、鈴、鈔、鈕、錚、銖、釗、釧、鏝、針、鐘、鎮、鍊、銳、鍵、錐、在、地、圭、圳、坐、均、坎、坡、坤、坦、垂、城、域、培、基、堂、堆、堡、堯、場、墨、墩、墾、壇、壘。**以上的字，是相剋的字。**

十七、火、炎、灼、為、烈、烘、煙、煉、焜、煖、烊、照、熊、燈、燕、熔、燦、炫、熠、熹、無、煜、煥。日、旦、旨、旬、旭、易、昀、旻、昕、昭、昱、晉、晏、智、暄、曉、曙、曜、曦、月、青、有、旺、清、早、明、昆、昊、易、星、昌、昇、春、昶、是、映、洵、晃、晁、時、晨、晶、景、普、晴、晰、暑、暖、暉、暢、曇、昴、曾、望、期、朝、光、耀、照、輝、朋、朔、朕、朗、望。**以上的字，是生洩的字。**

諮詢專線｜0935～210～935（黃逢逸老師）
臉書專頁｜www.facebook.com / fengyi5622
對內容有任何疑義，歡迎來電或留言指教